DAS GRANDIOS GLIBBERIGGLITSCHIGE

SLIME

BUCH

DAS GRANDIOS GLIBBERIGGLITSCHIGE

SLIME

BUCH

Die **klebrigsten,** **schleimigsten** und **flutschigsten** Rezepte zum **Selbermachen**

IMPRESSUM

© der deutschen Ausgabe 2017 frechverlag GmbH, Turbinenstraße 7, 70499 Stuttgart

Übersetzung: Sonja Heckmann

Produktmanagement und Lektorat: Anna Burger

Satz: Arnold & Domnick, Leipzig

Druck und Bindung: GPS Group GmbH, Österreich

Die englische Originalausgabe erschien 2017 unter dem Titel *Ultimate Slime*

© 2017 Quarto Publishing Group USA Inc.

First published in 2017 by Quarry Books, an imprint of The Quarto Group, 100 Cummings Center, Suite 265-D, Beverly, MA 01915, USA. T (978) 282-9590 F (978)283-2742 Quarto Knows.com

Rezepte: Alyssa Jagan

Fotos: Glenn Scott Photography (S. 3, 10, 11, 38, 39, 54, 55); Alyssa Jagan (alle übrigen)

Illustrationen: shutterstock.com

Design und Layout: Kathie Alexander

1. Auflage 2017

ISBN 978-3-7724-7825-3 • Best.-Nr. 7825

> ♡ DAS HIER IST FÜR DICH, MAMA.
> DEIN ZUSPRUCH UND DEINE UNTERSTÜTZUNG SIND
> UNGLAUBLICH WERTVOLL. ♡

DANKSAGUNG

Ich weiß ehrlich gesagt gar nicht, wo ich anfangen soll, denn es gibt so viele Menschen, die mich auf diesem Weg unterstützt haben. Mein aufrichtiger Dank gilt:

- Amanda De Matos, die mich die ganze Zeit angefeuert hat. Danke, dass du mir beigebracht hast, Fotos aufzunehmen, die nicht verwackelt sind.

- All meinen Freunden, besonders Mansi Chugh, die Lane zu meiner Rory, die Christina zu meiner Meredith. Ich danke dir dafür, dass du auch trotz des vielen Schlafmangels immer mit mir zurechtkommst und immer ein paar aufmunternde Worte parat hast.

- Jedem meiner Lehrer und Mentoren, vor allem Frau Welbourn und Frau Cullen. Ihr alle inspiriert mich, weiter zu lernen und neues zu unternehmen.

- Dem ganzen Team bei Quarto: Marissa Giambrone, Diane Naughton, Lara Neel, John Gettings, Mary Ann Hall, Winnie Prentiss, David Breuer, Ken Fund und viele andere. Danke für eure Zeit und Energie, mit der ihr meine Träume habt wahr werden lassen.

- Joy Aquilino, die beste Lektorin, die ich mir hätte wünschen können. Du hast einen Preis für deine Geduld und dein Engagement verdient.

- Meiner wundervollen Familie – meiner Mutter, meinem Vater, meinen Großeltern und meiner Schwester. Danke, dass ihr auch spätabends noch Schleim-Zutaten eingekauft habt, dass ich alle luftdichten Behälter im Haus in Beschlag nehmen durfte und dass ihr immer für mich da seid. Ohne euch hätte ich es nicht geschafft.

- Und zu guter Letzt – danke, Cierra Jagan, für dein Computer-Ladegerät.

INHALT

EINLEITUNG

Schleim ist für viele von uns nichts Neues – manche haben ihn schon mal im Chemieunterricht oder mit den Eltern hergestellt, als sie klein waren. Doch jetzt ist er wieder da, und zwar besser als je zuvor!

Im Sommer 2016 hat sich das Thema wie ein Lauffeuer in den sozialen Medien verbreitet. Ich habe Ende August mein erstes Video hochgeladen und seither mehr als eine halbe Million Follower gewonnen. Schleim ist für viele Menschen zu einem Ventil für ihre Kreativität geworden. Da ich ständig gefragt werde, wie man ihn selbst herstellt, habe ich beschlossen, dieses Buch zu schreiben.

Wenn du meinen Rezepten Schritt für Schritt folgst, wirst du schnell feststellen, dass sich Schleim leicht selbst herstellen lässt. Auch zeige ich dir verschiedene Möglichkeiten auf, um Schleim zu aktivieren, d.h. die Zutaten so zu binden, dass sich die typisch schleimige Konsistenz ergibt. Ich benutze normalerweise Borax dafür, doch da viele empfindlich auf Borax reagieren und dieses Buch für Kinder ist, habe ich nach Alternativen gesucht. Alle Rezepte in diesem Buch sind also frei von Borax. Es ist dir und deinen Eltern überlassen, welches Aktivierungsmittel du benutzt – bitte informiert euch und sprecht gemeinsam über dieses Thema, bevor du Schleim herstellst, damit ihr gemeinsam eine bewusste Entscheidung treffen könnt. Bei der Schleimherstellung findet eine chemische Reaktion statt, ganz egal, welches Aktivierungsmittel du benutzt. Vergewissere dich, dass du auf keine der Zutaten allergisch reagierst.

Beginne am besten mit den Basis-Schleimsorten und mit etwas Übung kannst du schon bald Schleim nach deiner eigenen Vorstellung herstellen. Dieses Buch gibt dir viele Anregungen, doch du solltest auf jeden Fall auch selbst kreativ werden und experimentieren.

Ich würde mich freuen, wenn du Videos und Fotos von deinen Werken auf Instagram und You Tube teilst und den Hashtag #craftyslimecreations dazusetzt. Ich bin gespannt, zu welchen Schleim-Kreationen und neuen und kreativen Anwendungen dich dieses Buch inspiriert. Dadurch, dass ich Schleim herstelle und in den sozialen Medien teile, habe ich viele großartige Menschen kennengelernt – ich bin sicher, dass es dir genauso gehen wird!

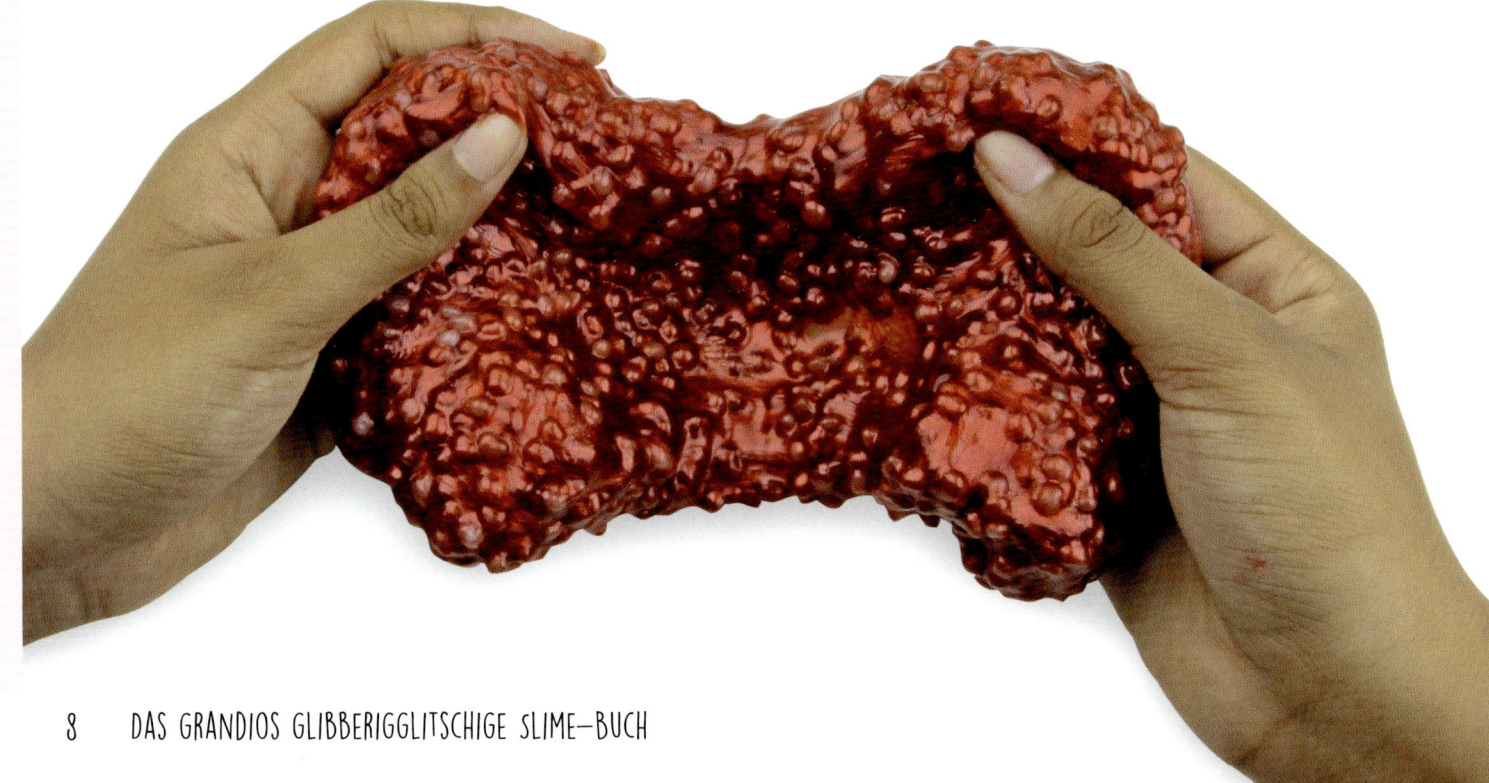

SICHERHEITSHINWEISE FÜR ERWACHSENE

- Lassen Sie Ihre Kinder bei der Herstellung von Schleim **nie unbeaufsichtigt**.
- **Verwenden Sie kein Produkt, auf das Sie oder Ihr Kind empfindlich reagieren und verwenden sie es auf keinen Fall weiter, wenn eine negative Reaktion auftreten sollte.**
- Schleim oder Schleim-Zutaten sollten **nie in den Mund genommen oder gegessen** werden.
- **Beschriften Sie immer den Behälter**, in dem der Schleim gelagert wird, **um Verwechslungen mit Lebensmitteln zu vermeiden**. Besonders Lebensmittel-Nachbildungen aus Schleim müssen beschriftet werden, damit sie nicht mit echten Lebensmitteln verwechselt werden.
- Bewahren Sie den Schleim immer **außer Reichweite von Kindern auf**, besonders aber außer Reichweite von Kleinkindern und Haustieren.
- **Schleim sollte nicht auf Oberflächen hergestellt werden, die auch für die Zubereitung oder zum Servieren von Lebensmitteln benutzt werden.**
- **Verwenden Sie immer Schüsseln und Werkzeuge, die weggeworfen werden können** oder nutzen sie diese ausschließlich zur Herstellung von Schleim. Verwenden Sie sie auf keinen Fall wieder für die Zubereitung von Lebensmitteln oder zum Baden.
- **Der Kontakt mit Haut oder Kleidung sollte vermieden werden.**
- **Achten Sie darauf, dass immer eine gute Belüftung vorhanden ist**, wenn Sie den Schleim herstellen.
- **Die Herstellung und Aufbewahrung von Schleim sollte immer bei Raumtemperatur stattfinden.** Schleim darf nicht eingefroren oder erhitzt werden.
- **Stellen Sie sicher, dass Sie sich beim Entsorgen von Schleim an die lokalen und staatlichen gesetzlichen Bestimmungen halten.** Das gilt auch für die Entsorgung der Inhaltsstoffe von Schleim.
- Nach dem Spielen sollten die **Hände gründlich mit Seife gewaschen** werden.

Schleim-Grundlagen

IN DIESEM KAPITEL ERFÄHRST
DU ALLES, WAS DU FÜR
DIE REZEPTE IN DIESEM
BUCH WISSEN MUSST. DIE
GRUNDREZEPTE, TIPPS UND
TRICKS SIND SEHR WICHTIG,
WENN DU DEN PERFEKTEN
SCHLEIM HERSTELLEN
MÖCHTEST.

DAS BRAUCHST DU

Hier sind die wichtigsten Zutaten aufgelistet, die du für die Schleimherstellung brauchst: Leim, Aktivierungsmittel und einige zusätzliche Zutaten, die du hinfügen kannst, um dem Schleim eine bestimmte Konsistenz zu geben. Lass dir unbedingt von einem Erwachsenen zeigen, wie du mit den Zutaten sicher umgehst und arbeitest. Weitere Informationen dazu findest du auf Seite 9.

Polyvinylacetat-Leim (PVA-Leim)

PVA-Leim ist ein Holzleim und dienst als Basis für alle Rezepte. Achte darauf, dass er keine Giftstoffe enthält. Wenn du unsicher bist, ob dein Leim ein PVA-Leim ist, dann gib etwas davon auf ein Stück Papier. Er sollte nach dem Trocknen durchsichtig sein.

Ich benutze einen milchig-weißen Leim (er ist also nicht durchsichtig) und einen farblosen, transparenten Leim. In jedem Rezept ist genau aufgelistet, welche Leimsorte du benötigst.

Aktivierungsmittel

Das sogenannte Aktivierungsmittel ist die wichtigste Zutat im Schleim. Wenn du die richtige Menge beimischst, werden die plastikartigen Polymer-Moleküle im Leim aktiviert und er wird dehnbarer.

Natron und Kontaktlinsenflüssigkeit: Diese Produkte ergeben zusammen ein gutes Aktivierungsmittel. Die Kontaktlinsenflüssigkeit muss dabei Borsäure oder gepufferte Kochsalzlösung enthalten. Ich benutze eine Allzweck-Kontaktlinsenflüssigkeit. Während andere Aktivierungsmittel transparenten Schleim trüben, eignet sich diese Kombi perfekt für die Herstellung von transparentem Schleim.

Flüssigwaschmittel: Das Waschmittel deiner Wahl sollte Borsäure oder ein Borat-Ion enthalten. Ich benutze ein Flüssigwaschmittel, das hypoallergen ist und in dem keine Farb- und Duftstoffe sind, denn viele mögen es nicht, wenn der Schleim nach Waschmittel riecht.

Flüssige Wäschestärke: Diese Art von Stärke kann ebenfalls als Aktivierungsmittel verwendet werden. Beachte: Wäschestärke kann auch Borax enthalten!

Beratschlage dich mit deinen Eltern, auf welches Aktivierungsmittel du zurückgreifst und probiert am besten auch einfach ein paar dieser Möglichkeiten aus.

Optionale Zutaten

Mische eine der folgenden Zutaten in deinen Basis-Slime und die Konsistenz wird sich verändern. Bevor du Kosmetikartikel wie Schaumseife, Creme oder Rasierschaum hinzufügst, solltest du sichergehen, dass dir die Farbe und der Duft des Produkts gefallen, weil das deinen Schleim beeinflusst. Wenn deine Seife grün ist und nach Birne riecht, wird dein Schleim grün werden und nach Birne riechen. Wenn du mehr als ein Produkt hinzufügst, achte darauf, dass die Düfte zusammenpassen. Du kannst auch Produkte ohne Duft verwenden und deinen Schleim geruchlos lassen oder ein Duftöl hinzufügen (siehe Seite 25).

- **Maisstärke:** Mithilfe der Stärke wird dein Schleim dicker, er behält seine Form und bekommt ein mattes Aussehen. Manche Leute benutzen Babypuder zum Verdicken, aber ich finde, dass das nicht besonders gut funktioniert.

- **Schaumseife:** Dieses Produkt kann zwar nicht allein als Aktivierungsmittel verwendet werden, unterstützt aber die Aktivierung und verbindet die Zutaten des Schleims, sodass er glatter und dehnbarer wird. Schaumseife ist eine flüssige Handseife, die als Schaum aus dem Spender kommt. Mit anderer Seife klappt es nicht.

- **Schäumender Gesichtsreiniger:** Damit kannst du fluffigen Schleim herstellen. Die Wirkung hält für 1–2 Wochen an, also deutlich länger als mit Rasierschaum (siehe unten).

- **Glyzerin:** Glyzerin wird unter durchsichtigen Schleim geknetet, um ihn dehnbarer zu machen. Du solltest es nicht verwenden, wenn du Granulat oder andere kleine Teilchen untermischen möchtest, da sie durch das Glyzerin nicht haften bleiben.

- **Creme:** Auch mit Creme wird Schleim dehnbarer. Du kannst jede Cremeart verwenden.

- **Rasierschaum:** Damit wird dein Schleim schön fluffig. Nach 2–4 Tagen fällt er aber in sich zusammen.

- **Babyöl:** Mit diesem Produkt bringst du weißen Schleim besonders zum Glänzen. Durchsichtiger Schleim trübt sich durch Babyöl!

SCHLEIM OHNE BORAX HERSTELLEN

Borax ist ein Stoff, der als Aktivierungsmittel verwendet werden kann, doch es gibt einige Vorbehalte gegen ihn. Da es gute Alternativen gibt, kannst du auch auch lieber auf diese zurückgreifen (siehe links). Ich habe mit jeder davon Schleim hergestellt und sie funktionieren alle gut.

Auf Seite 14–16 kannst du nachschauen, wie viel du von welchem Aktivierungsmittel verwenden musst. **Pro Schleim-Portion solltest du immer nur eine Art von Aktivierungsmittel benutzen.**

WEIßER BASIS-SLIME

DIESES REZEPT IST FÜR GLÄNZENDEN SCHLEIM. DU KANNST ES NACH WUNSCH ANPASSEN UND VIELE ANDERE, AUSGEFALLENERE SCHLEIMSORTEN HERSTELLEN.

SCHLEIM-GRUNDLAGEN

DAS BRAUCHST DU

Schleim-Ausrüstung

große Schüssel
Löffel, Teigschaber oder Rührstab
Messbecher und Messlöffel
luftdichter Behälter

Zutaten

250 ml weißer Leim
ca. 125 ml Schaumseife
1 Aktivierungsmittel (siehe Tabelle unten)

optional

farbiges Zusatzmittel (siehe Seite 24)
1–3 Tropfen Duftöl

WIE VIEL AKTIVIERUNGSMITTEL BRAUCHE ICH?

Das hängt davon ab, für welches Aktivierungsmittel du dich entscheidest. Die empfohlenen Mengen findest du rechts in der Tabelle. **Achte darauf, nicht mehr als 2 Esslöffel (30 ml) Aktivierungsmittel auf einmal hinzuzufügen und dann erst einmal gründlich zu mischen. Teste die Konsistenz des Schleims, bevor du mehr dazugibst.** Die Konsistenz deines Schleims hängt davon ab, wie viel Aktivierungsmittels du hinzufügst. Halte dich am besten an die Menge, die im Rezept steht. Prinzipiell kannst du aber so viel nehmen, bis dir die Konsistenz gefällt.

Wenn du zu viel Aktivierungsmittel benutzt, wird dein Schleim hart. Wenn du zu wenig hinzufügst,

wird er zu klebrig. Bei Problemen findest du hilfreiche Tipps auf Seite 18.

Denke daran – verwende immer nur ein Aktivierungsmittel pro Schleim-Portion!

Aktivierungsmittel	Empfohlene Menge
Flüssigwaschmittel	5–7 Esslöffel (75–105 ml)
Flüssige Wäschestärke	6–8 Esslöffel (90–120 ml)
Natron + Kontaktlinsenflüssigkeit	Füge 1 Esslöffel Natron zum Schleim hinzu. Anschließend 1–2 Esslöffel (15–30 ml) Kontaktlinsenflüssigkeit dazugeben. Je nach Marke benötigst du davon ggf. etwas mehr.

1.

Gib den Leim in eine große Schüssel und die Schaumseife dazu (siehe Abb. A). Wenn du möchtest, kannst du Farben und/oder Duftöl hinzufügen (siehe Seite 24/25). Alles gründlich mischen.

2.

Füge dein Aktivierungsmittel nach und nach in kleinen Mengen hinzu und vermische es mit dem Leim und der Seife (siehe Abb. B). Schau dir die Angaben in der Tabelle links an, um herauszufinden, wie viel du von welchem Aktivierungsmittel brauchst.

3.

Sobald die Mischung ein bisschen zäh wird, knetest du den Schleim (siehe Abb. C). Verteile zuvor ein wenig Aktivierungsmittel auf deinen Händen, damit weniger Schleim an ihnen kleben bleibt. Mit dem Schleim zu spielen ist die beste Methode, um ihn gründlich zu mischen und die beste Konsistenz zu erhalten.

4.

Bewahre den fertigen Schleim in einem luftdichten Behälter auf, damit er nicht austrocknet. Der Schleim wird besonders glänzend, wenn du ihn zwei bis vier Tage im Behälter ruhen lässt.

A.

Ergibt etwa 440 ml Schleim.

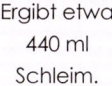

B.

C.
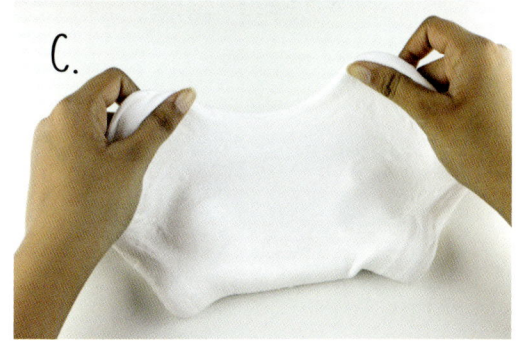

REZEPTE UND PROJEKTE MIT WEIßEM BASIS-SLIME

DURCHSICHTIGER BASIS-SLIME

DIESES REZEPT IST DIE BASIS FÜR TRANSPARENTEN SCHLEIM. DU BENÖTIGST IHN FÜR VIELE ANDERE REZEPTE, SOLLTEST DIE RICHTIGE HERSTELLUNG ALSO DEFINITIV BEHERRSCHEN.

DAS BRAUCHST DU

Schleim-Ausrüstung

große Schüssel
Messbecher und Messlöffel
Löffel, Teigschaber oder
Rührstab
luftdichter Behälter

Zutaten

250 ml transparenter Leim
1 Aktivierungsmittel (siehe
Tabelle unten)

optional

farbiges Zusatzmittel (siehe Seite 24)
1–3 Tropfen Duftöl (beachte, dass
Schleim aus durchsichtigem Leim
dadurch trüb werden kann)
1 Teelöffel Glyzerin

Ergibt etwa 440 ml
Schleim.

WIE VIEL AKTIVIERUNGSMITTEL BRAUCHE ICH?

Auch hier hängt die Menge vom jeweiligen Aktivierungsmittel ab (siehe rechts). **Achte beim Mischen darauf, nicht mehr als 2 Esslöffel (30 ml) Aktivierungsmittel auf einmal hinzuzufügen und dann erst einmal gründlich zu mischen. Teste die Konsistenz des Schleims, bevor du mehr hinzugibst.** Die Konsistenz deines Schleims hängt davon ab, wie viel Aktivierungsmittels du hinzufügst. Halte dich am besten an die Menge, die im Rezept steht, prinzipiell kannst du aber so viel nehmen, bis dir die Konsistenz gefällt.
Wenn du zu viel Aktivierungsmittel benutzt, wird dein Schleim hart, wenn du zu wenig dazugibst, wird er zu klebrig. Bei Problemen findest du hilfreiche Tipps auf Seite 18.

Aktivierungsmittel	Empfohlene Menge
Flüssigwaschmittel	4–6 Esslöffel (60–90 ml)
Flüssige Wäschestärke	5–7 Esslöffel (75–105 ml)
Natron + Kontaktlinsenflüssigkeit	Füge 1 Esslöffel Natron zum Schleim hinzu. Anschließend 1–3 Esslöffel (15–45 ml) Kontaktlinsenflüssigkeit dazugeben. Je nach Marke benötigst du davon ggf. etwas mehr.

Denke daran – verwende immer nur ein Aktivierungsmittel pro Schleim-Portion!

1.

Gib den Leim in eine große Schüssel und ggf. etwas Farbe und/oder Duftöl hinzu. Füge 1 Teelöffel Glyzerin hinzu
(siehe Abb. A), aber nur, wenn du später keine anderen
Zusatz-Zutaten dazugeben möchtest. Durch das Glyzerin wird der Schleim zwar dehnbarer, kleine Objekte
werden aber nicht im Schleim kleben bleiben, sondern
herausfallen. Damit dein Schleim so durchsichtig wie
möglich wird, musst du langsam rühren. So entstehen
keine Bläschen, die ihn trüben.

A.

2.

Füge das Aktivierungsmittel nach und nach in kleinen
Mengen hinzu (siehe Abb. B und Kasten links). Vermische alles gründlich, um zu prüfen, ob dein Schleim die
richtige Konsistenz bekommt.

B.

3.

Sobald die Mischung ein bisschen zäh wird (siehe
Abb. C), kannst du den Schleim kneten. Verteile vor
dem Kneten ein wenig Aktivierungsmittel auf deinen
Händen, damit weniger Schleim an ihnen kleben bleibt.
Versichere dich, dass deine Hände sauber sind, bevor
du den durchsichtigen Schleim anfasst. Das ist wichtig, weil alles, was an deinen Händen klebt, am Schleim
hängen bleibt.

C.

4.

Bewahre den fertigen Schleim in einem luftdichten
Behälter auf, damit er nicht austrocknet.

REZEPTE UND PROJEKTE MIT DURCHSICHTIGEM BASIS–SLIME

HILFE BEI PROBLEMEN

Auf dieser Seite findest du alle Antworten auf Probleme, die bei der Herstellung von Schleim am häufigsten vorkommen.

Der Schleim ist zu hart oder zu steif

Hast du zu viel Aktivierungsmittel hinzugefügt? Oder hast du den ganzen Tag mit deinem Schleim gespielt und nun reißt er auseinander? Hier sind einige Vorschläge, wie du ihn retten kannst.

Warte ein paar Tage ab und gönne dem Schleim etwas Ruhe. Frischer Schleim enthält durch das Rühren und Kneten in seinem Inneren viele kleine Luftbläschen, durch die er leicht einreißt. Sobald die Bläschen an die Oberfläche steigen und platzen, wird der Schleim dehnbarer.

Wenn du ein paar Tage gewartet hast und dein Schleim immer noch nicht dehnbar genug ist, kannst du Creme hinzufügen. Beachte: Schleim aus transparentem Leim trübt sich dadurch.

Den Schleim in warmes Wasser zu tauchen funktioniert auch gut. Achte aber darauf, dass das Wasser nicht zu heiß ist und lass dir dabei von einem Erwachsenen helfen. Pass außerdem auf, nicht zu viel Wasser hinzuzufügen, weil dein Schleim sonst zu glibberig oder sogar flüssig werden kann.

Der Schleim ist zu klebrig

Hast du deinen Schleim längere Zeit nicht mehr in den Händen gehabt und er ist flüssig geworden? Oder ist dein Schleim einfach nur sehr klebrig? Füge ein bisschen Aktivierungsmittel hinzu und das Problem ist sofort (bei den meisten Schleimsorten) behoben!

Wenn du ein wenig Aktivierungsmittel hinzugefügt hast und das nicht ausreicht, füge etwas zäheren Schleim oder Speisestärke hinzu. Der Schleim verdickt sich dadurch.

Manchmal kann flüssig gewordener Schleim nicht mehr „geheilt" werden. Dann solltest du ihn wegwerfen.

IST DEIN SCHLEIM ZU KLEBRIG, FÜGE ETWAS AKTIVIERUNGSMITTEL HINZU. WENN AUCH DAS NICHT HILFT, MISCHST DU ETWAS ZÄHEN SCHLEIM ODER SPEISESTÄRKE UNTER.

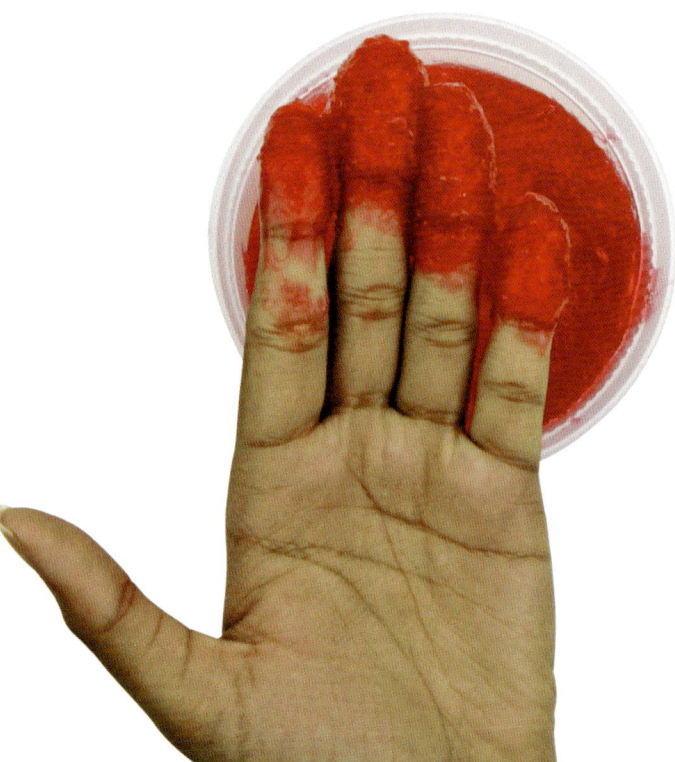

IST DEIN SCHLEIM AUS WEISSEM LEIM
ZU STEIF, KANNST DU ETWAS CREME
HINZUFÜGEN UND ALLES DURCHKNETEN
ODER DU TAUCHST IHN KURZ IN
WARMES WASSER.

AUFBEWAHRUNG

Schleim trocknet aus, wenn du ihn nicht richtig aufbewahrst.

Lagere ihn deshalb in einem luftdichten Behälter. Alte Joghurtbecher oder Frischhaltedosen eignen sich dafür hervorragend. Spüle sie zuvor gründlich aus und lass sie gut trocknen. Die Behälter anschließend beschriften.

Du kannst deinen Schleim auch in Gefrierbeuteln mit Verschluss aufbewahren, meiner Erfahrung nach wird der Schleim darin aber schneller flüssig.

Achte darauf, dass du den Schleim immer außer Reichweite von kleinen Kindern aufbewahrst!

ESSBARER SLIME

DIESER SCHLEIM IST PERFEKT DAFÜR GEEIGNET, WENN DU KEIN AKTIVIERUNGSMITTEL BENUTZEN ODER WENN DU SCHLEIM MIT SEHR KLEINEN KINDERN MACHEN MÖCHTEST. DAS UNTEN STEHENDE REZEPT ENTHÄLT ZWAR ESSBARE ZUTATEN, IST ABER TROTZDEM NICHT ZUM NASCHEN GEDACHT.

DAS BRAUCHST DU

Schleim-Ausrüstung

mikrowellengeeignete Schüssel
Löffel, Teigschaber oder Rührstab
Messbecher und Messlöffel
luftdichter Behälter

Zutaten

250 ml Marshmallows
180 ml Speisestärke

optional

Lebensmittelfarbe
½ Teelöffel Wasser **oder** ½ Teelöffel Speiseöl

A.

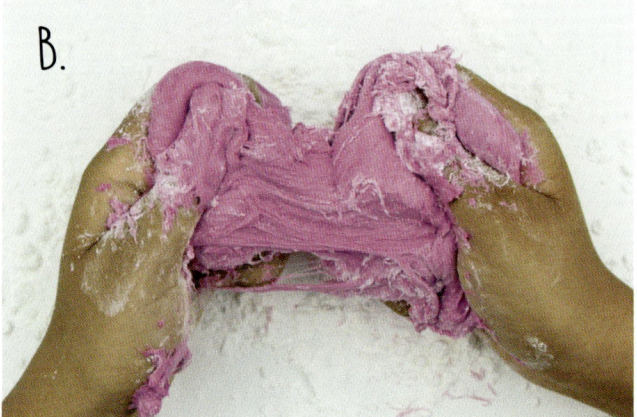

B.

VARIATIONEN

Essbarer Butter-Slime
= Essbarer Slime + gelbe Lebensmittelfarbe

Essbarer Rosen-Slime
= Essbarer Slime + rote Lebensmittelfarbe

Essbarer Kuchenteig-Slime
= Essbarer Slime + Zuckerstreusel

C.

D.

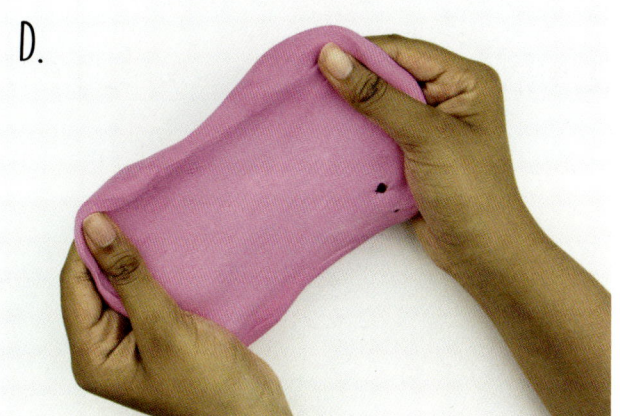

1.

Erwärme die Marshmallows für 30 Sekunden in der Mikrowelle und rühre dann um. Wiederhole diesen Schritt so lange, bis die Marshmallows geschmolzen sind. Wenn du möchtest, kannst du etwas Lebensmittelfarbe hinzufügen. Alles gründlich vermischen.

2.

Mische 125 ml Speisestärke unter die geschmolzenen Marshmallows (siehe Abb A).

3.

Sobald die Mischung leicht klebrig ist, knetest du den Schleim. Gib etwas Stärke auf deine Hände und verteile den Rest auf deiner Arbeitsfläche, damit weniger Schleim an deinen Händen und am Tisch kleben bleibt. Mit dem Schleim zu spielen ist die beste Methode, um ihn gründlich zu mischen und die beste Konsistenz zu bekommen.

4.

Füge ein bisschen Wasser bzw. Öl hinzu, um den Schleim dehnbarer zu machen. Gib etwas Stärke hinzu, wenn er zu klebrig wird. Denk daran, dass dieser Schleim nicht glänzt und nicht so formbar ist, wie normaler Schleim, sondern sich eher wie Butter oder Teig verhält.

5.

Bewahre den fertigen Schleim in einem luftdichten Behälter auf, damit er nicht austrocknet.

HINWEIS

Dieses Rezept ist nicht zum Essen gedacht. Wenn aber die Gefahr besteht, dass der Schleim tatsächlich gegessen werden könnte, musst du **unbedingt andere Werkzeuge** verwenden, als die zur Herstellung von normalem Schleim.

Ergibt etwa 85 ml Schleim.

Es wird bunt und knubbelig

AUF DEN FOLGENDEN SEITEN ZEIGE ICH DIR, WIE DU DEINEM SCHLEIM TOLLE FARBEN UND EINE COOLE KONSISTENZ VERLEIHEN KANNST – VON FARBEN UND PIGMENTEN, ÜBER GLITZER UND SCHAUM—STOFFKÜGELCHEN, BIS HIN ZU DEKO—SCHNEE UND MEHR. ALLES, WAS DU BRAUCHST, FINDEST DU IM BASTEL— LADEN ODER IM INTERNET.

SCHLEIM FÄRBEN

Es gibt viele Möglichkeiten, um Schleim zu färben. Ich arbeite am liebsten mit Lebensmittelfarbe, weil sie nach nichts riecht. Ob flüssig oder gelförmig bleibt dabei dir überlassen.

Alternativ kannst du auch Acrylfarbe verwenden. Gehe sparsam damit um, denn Acrylfarbe hat oft einen unangenehmen Geruch und wenn du zu viel davon benutzt, kann sie deinen Schleim austrocknen.

Pigmente (das sind farbige Pulver) eignen sich ebenfalls sehr gut zum Einfärben. Ich nehme gerne Pigmente mit einem leichten Schimmer.

Um eine metallische Farbe zu bekommen, kannst du bei durchsichtigem Schleim eine Metallic- oder Perlmutt-Acrylfarbe untermischen oder weiße Perlmuttfarbe mit bunter Lebensmittel- oder Acrylfarbe benutzen. Letzteres funktioniert sowohl mit transparenten als auch mit nicht durchsichtigen Schleimen.

ACRYLFARBE, PIGMENTPULVER UND FLÜSSIGE ODER GELFÖRMIGE LEBENSMITTELFARBE EIGNEN SICH ALLE, UM SCHLEIM ZU FÄRBEN (SIEHE LINKS).

DUFTÖLE

Verwende nur Duftöle, die zum Basteln geeignet sind und die mit deiner Haut in Kontakt kommen dürfen. Stelle außerdem sicher, dass du nicht allergisch auf sie reagierst. Verwende keine Duftöle, die für Lebensmittel gedacht sind, da sie sich nicht mit Schleim vertragen.

Gib am Anfang nur wenige Tropfen in deinen Schleim, bis du weißt, wie stark der Duft wirklich ist. Ich benutze dafür immer eine Pipette. Du kannst auch verschiedene Düfte vermischen, um genau den Duft zu bekommen, den du haben möchtest.

Übrigens kann auch Duftöl transparenten Schleim trüben!

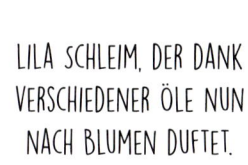

LILA SCHLEIM, DER DANK VERSCHIEDENER ÖLE NUN NACH BLUMEN DUFTET.

25

GLITZER

Glitzer ist ein Zusatzstoff, den du unbedingt ausprobieren solltest. Er gibt besonders transparentem Schleim ein sehr cooles Aussehen.

Wenn du mit Glitzer arbeitest, solltest du Folgendes beachten:

- Wenn du Glitzer liebst, möchtest du vermutlich am liebsten ganz viel davon in deinen Schleim rühren. Weniger ist hier jedoch mehr, da der Schleim zu viel Glitzer abstößt und er dann an den Händen kleben bleibt.
- Verwende groben, feinen oder holographischen Glitzer und vermeide Glitter Flakes oder Pailletten, da sie scharfkantig sein könnten.

Die gute Nachricht ist, dass Glitzer in durchsichtigem Schleim immer gut aussieht. Du kannst wahre Glitzerbomben herstellen! Mische dazu einfach Glitzer und durchsichtigen Schleim zu gleichen Teilen – so wird er richtig bunt und knirscht schön beim Knautschen. Auch verschiedene Glitzersorten sehen toll aus. Denke bei der Wahl des Glitzers immer an die Grundfarbe, die dein Schleim hat, damit alles gut zueinander passt.

Glitzer in Schleim mit weißem Leim kann klumpig aussehen, doch prinzipiell gilt: Erlaubt ist, was gefällt! Mische zum Beispiel groben schwarzen Glitzer mit pinkem und grünem Schleim und schon hast du einen Wassermelonen- oder Kiwi-Slime gezaubert! Oder füge schwarzen Glitzer zu weißem Schleim hinzu und kreiere ein Stracciatella-Eis. Lass deiner Fantasie freien Lauf.

FUNKELNDE GLITZERSORTEN IN VERSCHIEDENEN FARBEN UND FORMEN (SIEHE OBEN) UND DAS PERFEKTE BEISPIEL FÜR EINE GLITZERBOMBE (SIEHE UNTEN).

FIMO®-STANGEN

FIMO®-Stangen, erhältlich in vielen verschiedenen Motiven, sind, dünn geschnitten und fertig gebacken, ebenfalls ein schöner Eyecatcher, vor allem in durchsichtigen Slimes (in Schleimen aus weißem Leim sind sie nach dem Mischen leider kaum noch zu sehen).

Von einfachem Obst bis hin zu detailreichen Figuren – es gibt eine unglaubliche Auswahl! FIMO® findest du im Bastelladen oder im Internet, in fertigen Scheiben oder als Stange zu kaufen. Ich mag die fertig geschnittenen Bildchen lieber, weil ich die Stangen selbst nie dünn genug geschnitten bekomme. Du kannst auch deine eigenen Stangen herstellen, es gibt jede Menge Bücher und Anleitungen zu diesem Thema.

Für meine Schleime verwende ich am liebsten FIMO®-Stangen mit Obstmotiv. So entsteht zum Beispiel aus feinen Zitronenscheibchen und gelber Farbe ein schöner Zitronen-Slime oder auch mal ein bunter Obstsalat-Slime.

FIMO®–OBST (SIEHE LINKS)
UND EIN DURCHSICHTIGER
ERDBEER–SLIME (SIEHE OBEN).

MIKROPERLEN

Mikroperlen sind winzig kleine Metallkügelchen, die nur wenige Millimeter groß sind. Mit ihnen bekommt dein Schleim eine coole Konsistenz und glitzert ein bisschen. Manchmal mische ich sie unter Schaum-Slime, damit er ein bisschen bunter aussieht. Die Perlen eignen sich übrigens auch sehr gut als Wassermelonen- oder Kiwikerne in Obst-Slime.

Mikroperlen können in Schleim aus durchsichtigem und weißem Leim verwendet werden. Im durchsichtigen Schleim sind sie jedoch viel besser zu sehen.

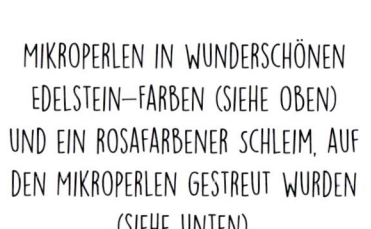

MIKROPERLEN IN WUNDERSCHÖNEN EDELSTEIN–FARBEN (SIEHE OBEN) UND EIN ROSAFARBENER SCHLEIM, AUF DEN MIKROPERLEN GESTREUT WURDEN (SIEHE UNTEN).

SCHAUMSTOFFKÜGELCHEN

Schaumstoffkügelchen gibt es in vielen verschiedenen Farben und Größen. Meistens bestehen sie aus Polystyrol und sind zwischen 1 mm und 10 mm groß.

Die kleinsten Kügelchen findest du zum Beispiel in Reise-Nackenkissen. Sie sind gerade einmal 1–2 mm groß, verteilen sich meistens überall da, wo sie nicht hingehören und lassen sich auch nicht ganz so einfach wieder einsammeln. Dennoch sorgen sie für einen tollen, knirschenden Effekt, wenn du mit dem Schleim spielst. Größere Schaumstoffkügelchen werden zum Beispiel als Füllmaterial für Sitzsäcke benutzt.

Manche Schaumstoffkügelchen gibt es nur in Packungen mit einer Farbe, andere wiederum gibt es bunt gemischt. Es kommst vor, dass sich die Farbe von den Kügelchen auf deinen Schleim überträgt. Deshalb solltest du gut überlegen, welche Grundfarbe dein Schleim bekommt.

Ich verwende Schaumstoffkügelchen im Konfetti-Slime (siehe Seite 48), sie sorgen aber auch bei einfachen Schleimen für ein spannendes Handgefühl und eine schöne Farbe.

SCHAUMSTOFFKÜGELCHEN IN DREI VERSCHIEDENEN GRÖßEN (SIEHE LINKS) UND LILA SLIME MIT WINZIGEN SCHAUMSTOFF-KÜGELCHEN (SIEHE OBEN).

FISCHAUGEN

Fischaugen, im Handel Fishbowl Beads oder Deko-Wasserlinsen genannt, sind kleine, runde Linsen aus Plastik, die oft zum Füllen von Vasen oder Schalen benutzt werden. Manchmal haben diese Perlen scharfe Kanten, also sei vorsichtig, wenn du mit ihnen arbeitest. Ich benutze sie, um Fischaugen-Slime (siehe Seite 42) zu machen.

FISCHAUGEN BZW. DEKO–WASSERLINSEN (SIEHE OBEN) UND GRÜNER FISCHAUGEN–SLIME.

SLUSHIE-GRANULAT

Slushie-Granulat ist ganz ähnlich wie die Deko-Wasser-linsen, allerdings haben die winzigen Teilchen runde, glatte Kanten. Das Granulat wird oft als Füllung für Stofftiere verwendet. Ich nutze es für meinen Slush-Slime (siehe Seite 40).

SLUSHIE—GRANULAT (SIEHE OBEN) UND ROSÉ—GOLDENER SLUSH—SLIME (SIEHE UNTEN).

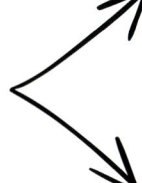

ZUCKER-GRANULAT

Zucker-Granulat besteht aus winzigen, zylindrischen Perlen, die oft auch als Deko zum Füllen von Vasen oder Schalen benutzt werden. Das Granulat gibt dem Schleim eine interessante Konsistenz, sodass er knirscht und sich toll anfühlt. Ich benutze dieses Granulat für Zucker-Slime (siehe Seite 50).

ZUCKER-GRANULAT (SIEHE LINKS) UND GOLDENER ZUCKER-SLIME (SIEHE UNTEN).

SAMTPUDER

Samtpuder besteht aus vielen kleinen Fasern. Dein Schleim bekommt damit ein paar Farbsprenkel und fühlt sich fusselig an. Du kannst etwas Samtpuder zu Softeis-Slime (siehe Seite 78) hinzufügen, damit er gesprenkelt aussieht.

SAMTPUDER IN DREI LEUCH—
TENDEN FARBEN (SIEHE
RECHTS) UND HELLGRÜNER
SOFTEIS—SLIME (SIEHE UNTEN).

DEKO-SCHNEE

Deko-Schnee besteht aus kleinen Plastikschnipseln und wird meistens zu Weihnachten verstreut. Bevor du ihn benutzt, solltest du sichergehen, dass sich darin keine spitzen Plastikstückchen oder große, ganz dünne Stücke befinden. Ich verwende am liebsten einen ganz feinen Schnee und mache damit Zuckerwatte-Slime (siehe Seite 64).

STELLE EINE PORTION ZUCKERWATTE-SLIME HER (SIEHE LINKS) UND FÜGE ETWAS DEKO-SCHNEE HINZU.

SUPERABSORBER (SAP)

Superabsorber wird auch superabsorbierendes Polymer oder SAP genannt und besteht aus einem Material, das ganz viel Wasser aufnehmen und halten kann. Wenn du es mit Wasser mischst, wird es größer und schön fluffig.

Superabsorber findet sich normalerweise in Windeln oder Wasserperlen wieder, es ist aber auch Bestandteil in Kunstschnee und in Pulverform erhältlich.

- Du kannst eine unbenutzte Windel aufschneiden und eine kleine Menge SAP-Granulat herausschaben.
- Wenn du das SAP aus Wasserperlen gewinnen möchtest, weichst du diese zuerst in Wasser ein und zerdrückst anschließend die Perle.
- Ich benutze am liebsten Kunstschnee, der durch Hinzufügen von Wasser fluffig wird, oder ein SAP-Pulver.
- Wenn du gefärbtes Wasser verwendest, nimmt der Superabsorber die Farbe des Wassers an. Auf diese Weise stelle ich Juwelen-Slime (siehe Seite 62) her.

Ganz egal, welche Art von Superabsorber du benutzt – starte immer erst mit einer ganz kleinen Menge, da sich manche SAPs bei Kontakt mit Wasser um das Fünfzigfache vergrößern.

 SUPERABSORBER IN DREI FARBEN (SIEHE OBEN) UND LEUCHTEND ROTER JUWELEN-SLIME (SIEHE UNTEN).

ES WIRD BUNT UND KNUBBELIG

LUFTTROCKNENDE MODELLIERMASSE

Lufttrocknende Modelliermasse beeinflusst und verändert die Konsistenz deines Schleims und macht ihn, je nach Marke, fluffiger oder dicker. Manche Modelliermasse-Arten sind fester als andere. Wenn du eine eher feste Masse verwendest, wird dein Schleim dicker. Mit einer weicheren Masse wird dein Schleim lockerer.

Hier noch ein kleiner Tipp: Mit ein bisschen Creme vermengt, werden feste Modelliermassen weicher. Experimentiere ein bisschen herum und finde heraus, welche Menge an (weicher) Modelliermasse die für dich beste Schleim-Konsistenz ergibt. Du kannst auch verschiedene Modelliermassen mischen und gemeinsam verwenden.

DREI BUNTE MODELLIERMASSEN
(SIEHE OBEN) UND BUTTER–SLIME
(SIEHE UNTEN).

KINETISCHER SAND

Dieses Produkt fühlt sich eigentlich wie echter Sand an – macht aber viel weniger Dreck und lässt sich besser mit Schleim vermengen.

Kinetischer Sand wird oft auch Zaubersand genannt und ist ideal, um drinnen zu spielen. Er enthält einen Stoff, durch den er sich feucht anfühlt, es in Wirklichkeit aber gar nicht ist. Den Sand gibt es in vielen verschiedenen Farben und du kannst damit einen Schleim herstellen, der sich unvergleichlich anfühlt.

KINETISCHER SAND IN DREI VERSCHIEDENEN FARBEN (SIEHE LINKS) UND KINETISCHER SLIME IN TÜRKIS (SIEHE OBEN).

Schleim für Anfänger

WENN DU ERST EINMAL DIE ZWEI GRUNDREZEPTE AUS KAPITEL 1 BEHERRSCHST, SIND DIE SCHLEIM-SORTEN IN DIESEM KAPITEL EIN WAHRES KINDERSPIEL FÜR DICH.

SLUSH-SLIME

DIESER SCHLEIM KNIRSCHT GANZ WUNDERBAR UND EIGNET SICH HERVORRAGEND, UM STRESS ABZUBAUEN. IN SEINER KONSISTENZ ÄHNELT ER DEM FISCHAUGEN-SLIME (SIEHE SEITE 42).

SCHLEIM FÜR ANFÄNGER

DAS BRAUCHST DU

Schleim-Ausrüstung

große Schüssel
Messbecher und Messlöffel
Löffel, Teigschaber oder Rührstab
luftdichter Behälter

Zutaten

1 Portion durchsichtiger Basis-Slime
(siehe Seite 16)
genau so viel Slushie-Granulat wie
Schleim

optional

farbiges Zusatzmittel (siehe Seite 24)
1–3 Tropfen Duftöl

VARIATIONEN

Glitzer-Gold = durchsichtiger Basis-Slime (siehe Seite 16) + goldene Farbe + Slushie-Granulat

Knisterbrause = durchsichtiger Basis-Slime (siehe Seite 16) + Neon-Farbe + Slushie-Granulat

Edel-Schleim = durchsichtiger Basis-Slime (siehe Seite 16) + Slushie-Granulat + schwarze Mikroperlen + Glitzer in Rot

Tropenknistern = durchsichtiger Basis-Slime (siehe Seite 16) + blaue Farbe + Slushie-Granulat + Glitzer in Grün

rosé-goldener Knirscher = durchsichtiger Basis-Slime (siehe Seite 16) + rosé-goldene Farbe + Slushie-Granulat + Glitzer in Grün

1.

Stelle eine Portion durchsichtigen Basis-Slime her (siehe Seite 16). Der Schleim sollte nicht überall kleben bleiben und dennoch klebrig genug sein, damit das Granulat darin haften bleibt. Wenn du möchtest, kannst du Farbe und/oder Duftöl einkneten.

2.

Miss etwa genau so viel Slushie-Granulat wie Schleim ab (siehe Abb. A).

3.

Mische den Schleim mit dem Granulat (siehe Abb. B) **und gib ein bisschen mehr Aktivierungsmittel dazu, wenn sich die Masse zu klebrig anfühlt. Wenn dein Schleim noch mehr knirschen soll, arbeitest du etwas mehr Granulat ein. Gehe dabei behutsam vor, denn überwiegt die Granulatmenge, kann es sein, dass es sich nicht vollständig mit dem Schleim bindet. Wenn dein Schleim zu hart ist, lege ihn für ein paar Sekunden in warmes Wasser. Lass dir dabei von einem Erwachsenen helfen!**

4.

Knete so lange, bis sich der Schleim und das Granulat komplett miteinander vermengt haben. Denke daran: Mit dem Schleim zu spielen ist die beste Methode dafür!

5.

Bewahre den fertigen Schleim in einem luftdichten Behälter auf, damit er nicht austrocknet.

A.

B.

Wie groß der Schleim wird, hängt davon ab, wie viel Schleim und Granulat du miteinander vermischst.

FISCHAUGEN-SLIME

DIESEN KNIRSCH–SCHLEIM RICHTIG HINZUBEKOMMEN, IST GAR NICHT SO LEICHT. DOCH MITHILFE DES REZEPTS WIRST DU BESTIMMT KEINE PROBLEME HABEN.

DAS BRAUCHST DU

Schleim-Ausrüstung

große Schüssel
Löffel, Teigschaber oder Rührstab
Messbecher und Messlöffel
luftdichter Behälter

Zutaten

1 Portion durchsichtiger Basis-Slime (siehe Seite 16)
genau so viel Fischaugen (Deko-Wasserlinsen) wie Schleim

optional

farbiges Zusatzmittel (siehe Seite 24)
1–3 Tropfen Duftöl

VARIATIONEN

Fischaugen-Früchtchen = durchsichtiger Slime + Fischaugen + FIMO®-Stangen mit Obst-Motiv

Fischaugen-Slime deluxe = durchsichtiger Slime + goldene Farbe + Fischaugen + kleine Schaumstoffkügelchen

Erdbeer-Fischaugen = durchsichtiger Slime + pinke oder rote Farbe + Fischaugen + Glitzer in Schwarz

Karneval-Fischaugen = durchsichtiger Slime + Fischaugen + bunte Schaumstoffkügelchen + Glitzer in Bunt

„Findet Nemo"-Slime = durchsichtiger Slime + orange Farbe + Fischaugen + kleine, weiße Schaumstoffkügelchen + Glitzer in Schwarz

1.

Stelle eine Portion durchsichtigen Basis-Slime her (siehe Seite 16), der leicht klebrig ist. Der Schleim sollte nicht überall kleben bleiben und dennoch klebrig genug sein, damit die Fischaugen darin haften bleiben. Wenn du möchtest, kannst du Farbe und/oder Duftöl einkneten.

2.

Miss etwa genau so viele Fischaugen wie Schleim ab (siehe Abb. A).

3.

Mische den Schleim mit den Fischaugen (siehe Abb. B) **und gib ein bisschen mehr Aktivierungsmittel dazu, wenn sich die Masse zu klebrig anfühlt. Wenn dein Schleim noch mehr knirschen soll, arbeitest du ein paar mehr Fischaugen unter. Gehe dabei behutsam vor, denn nimmst du zu viele, kann es sein, dass sie sich nicht vollständig mit dem Schleim binden. Wenn dein Schleim zu hart ist, lege ihn für ein paar Sekunden in warmes Wasser. Lass dir dabei von einem Erwachsenen helfen!**

4.

Knete so lange, bis sich der Schleim und die Fischaugen komplett miteinander vermengt haben. Denke daran: Mit dem Schleim zu spielen ist die beste Methode dafür!

5.

Bewahre den fertigen Schleim in einem luftdichten Behälter auf, damit er nicht austrocknet.

A.

B.

Wie groß der Schleim wird, hängt davon ab, wie viel Schleim und Fischaugen du miteinander vermischst.

FLÜCHTIGER FLUFFY-SLIME

DIESER SCHLEIM IST ÄUSSERST FLUFFIG UND DEHNBAR. DIE HERSTELLUNG IST MIT ETWAS SCHMUTZ VERBUNDEN, ABER DAS ERGEBNIS IST ES WERT! NACH ZWEI BIS VIER TAGEN VERLIERT ER SEINE FLUFFIGKEIT. DU KANNST MIT IHM JEDOCH NOCH EISBERG-SLIME HERSTELLEN (SIEHE SEITE 86), WENN IHM DIE LUFT AUSGEGANGEN IST.

DAS BRAUCHST DU

Schleim-Ausrüstung

große Schüssel
Messbecher und Messlöffel
Löffel, Teigschaber oder Rührstab
luftdichter Behälter

Zutaten

250 ml weißer Leim
ca. 125 ml Schaumseife
ca. 250 ml Rasierschaum
2x 2 Esslöffel (je 30 ml) Creme
1 Aktivierungsmittel (siehe Tabelle
Seite 14)

optional

4 Esslöffel (40 ml) Speisestärke
farbiges Zusatzmittel (siehe Seite 24)
1–3 Tropfen Duftöl

VARIATIONEN

Erdbeer-Fluffy = Flüchtiger Fluffy-Slime + pinke Farbe + Erdbeer-Duftöl

Schlagsahne = Flüchtiger Fluffy-Slime + Vanille-Duftöl

Muffinteig = Flüchtiger Fluffy-Slime + gelbe Farbe + Vanille-Duftöl + grober Glitzer in Bunt

Vanilleeis = Flüchtiger Fluffy-Slime + hellgelbe Farbe + Vanille-Duftöl + feiner Glitzer in Braun oder Schwarz

SCHLEIM FÜR ANFÄNGER

1.

Gib den Leim in eine große Schüssel und die Schaumseife, den Rasierschaum, die Speisestärke und 2 Esslöffel Creme hinzu. Theoretisch kannst du die Stärke auch weglassen, doch mit ihr wird der Schleim voluminöser und schön glatt und gleichmäßig. Wenn du möchtest, füge etwas Farbe und/oder Duftöl hinzu.

2.

Mische das Aktivierungsmittel nach und nach in kleinen Mengen unter (immer etwa 1–2 Esslöffel auf einmal, siehe Abb. A). Schau dafür am besten noch einmal ins Rezept für weißen Basis-Slime, um sicher zu gehen, wie viel Aktivierungsmittel du brauchst. Die Menge kann je nach Leimsorte leicht variieren. Denke auch daran, pro Schleim-Portion immer dasselbe Mittel zu verwenden. Die Schleimkonsistenz hängt davon ab, wie viel Aktivierungsmittel du hinzufügst.

3.

Knete den Schleim, sobald die Mischung beim Rühren ein bisschen klebrig wird (siehe Abb. B). Verteile davor ein wenig Aktivierungsmittel auf deinen Händen, damit weniger Schleim an ihnen kleben bleibt. Mit dem Schleim zu spielen ist die beste Methode, um ihn gründlich zu mischen und die beste Konsistenz zu bekommen.

4.

Füge die restliche Creme hinzu, damit dein Schleim noch dehnbarer wird.

5.

Bewahre den fertigen Schleim in einem luftdichten Behälter auf, damit er nicht austrocknet.

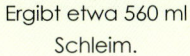

Ergibt etwa 560 ml Schleim.

A.

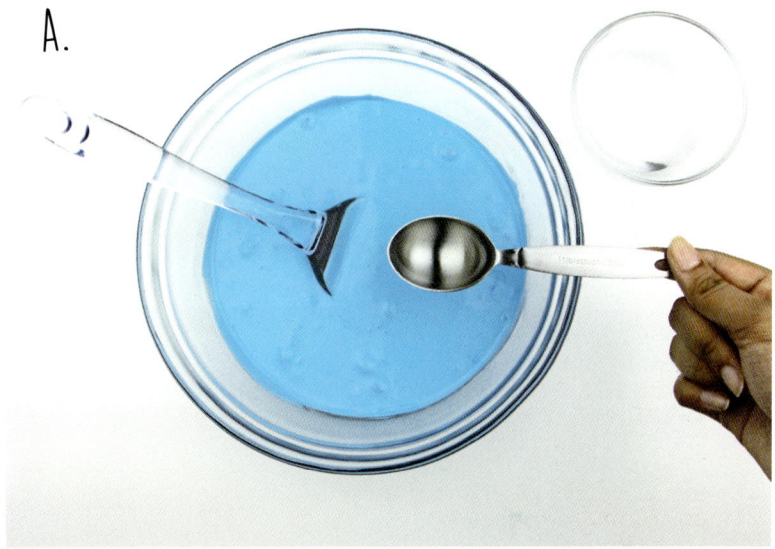

B.

MODELLIERMASSE–SLIME

DIESER SCHLEIM QUILLT NICHT DURCH DEINE FINGER WIE NORMALER SCHLEIM. DAMIT DU DIE PERFEKTE, NICHT KLEBRIGE KONSISTENZ ERREICHST, BENÖTIGST DU ETWA EIN DRITTEL MEHR SCHLEIM ALS MODELLIERMASSE.

DAS BRAUCHST DU

Schleim-Ausrüstung

große Schüssel
Messbecher und Messlöffel
Löffel, Teigschaber oder Rührstab
luftdichter Behälter

Zutaten

1 Portion weißer Basis-Slime (siehe Seite 14)
etwas weniger lufttrocknende Modelliermasse als Schleim (Beachte: Wenn du eine testere Modelliermasse benutzt, kommt am Ende weniger Schleim heraus, als mit einer weicheren Modelliermasse.)

optional

farbiges Zusatzmittel (siehe Seite 24)
1–3 Tropfen Duftöl
etwas Creme

VARIATIONEN

Brownie-Slime = weißer Basis-Slime (siehe Seite 14) + braune Farbe + Schoko-Duftöl + Modelliermasse in Braun oder Weiß

Ananas-Slime = weißer Basis-Slime (siehe Seite 14) + gelbe Farbe + Modelliermasse in Gelb oder Weiß

Verkohlter Slime = weißer Basis-Slime (siehe Seite 14) + schwarze Farbe + Modelliermasse in Schwarz oder Weiß

I.

Stelle eine Portion weißen Basis-Slime her, der leicht klebrig ist (siehe Seite 14). Wenn du möchtest, füge etwas Duftöl und/oder Farbe bei.

2.

Miss eine kleinere Menge Modelliermasse als Schleim ab (siehe Abb. A).

3.

Vermische den Schleim gründlich mit der Modelliermasse, bis keine Klumpen mehr vorhanden sind (siehe Abb. B). **Der Schleim sollte sich ganz glatt anfühlen.**

4.

Wenn die Mischung zu klebrig ist, gibst du etwas Aktivierungsmittel dazu. Für eine fluffigere Konsistenz knetest du noch ein bisschen Modelliermasse unter. Ist der Schleim zu steif, mischst du ein wenig Creme bei.

5.

Mit dem Schleim zu spielen ist die beste Methode, um die Modelliermasse und den Schleim gründlich zu mischen. Knete so lange weiter, bis der Schleim sich überall gleich und total cremig anfühlt und sich dehnen lässt.

6.

Bewahre den fertigen Schleim in einem luftdichten Behälter auf, damit er nicht austrocknet.

Wie groß dein Schleim wird, hängt davon ab, wie viel Schleim und Modelliermasse du benutzt.

A.

B.

KONFETTI-SLIME

DURCH DIE BUNTEN KÜGELCHEN BEKOMMT DIESER SCHLEIM EINE INTERESSANTE KONSISTENZ UND EIN FRÖHLICHES AUSSEHEN.

SCHLEIM FÜR ANFÄNGER

DAS BRAUCHST DU

Schleim-Ausrüstung

große Schüssel
Messbecher und Messlöffel
Löffel, Teigschaber oder Rührstab
luftdichter Behälter

Zutaten

1 Portion weißer Basis-Slime (siehe Seite 14)

so viele bunte Schaumstoffkügelchen, wie du hinzufügen möchtest

optional

farbiges Zusatzmittel (siehe Seite 24)
1–3 Tropfen Duftöl

VARIATIONEN

Türkisfarbener Konfetti-Slime = weißer Basis-Slime (Seite 14) + grüne und blaue Farbe + große Konfetti-Kügelchen

Pinker Konfetti-Slime = weißer Basis-Slime (Seite 14) + pinke Farbe + kleine Konfetti-Kügelchen

1.

Stelle eine Portion weißen Basis-Slime her (siehe Seite 14), der leicht klebrig ist. Wenn du möchtest, kannst du Duftöl und/oder Farbe einkneten. Eigentlich ist der Konfetti-Slime weiß, aber wenn es dir gefällt, kannst du ihn auch farbig machen.

2.

Miss die Menge Schaumstoffkügelchen ab, die du verwenden möchtest (siehe Abb. A). Ich benutze meistens ein Viertel vom Schleim davon.

3.

Vermische die Schaumstoffkügelchen gründlich mit dem Schleim (siehe Abb. B). Wenn die Mischung zu klebrig ist, kannst du etwas Aktivierungsmittel dazugeben. Denke daran: Mit dem Schleim zu spielen ist die beste Methode, um den Schleim und die Kügelchen gründlich zu mischen. Je nachdem, was für Schaumstoffkügelchen du kaufst, kann es auch vorkommen, dass die Kügelchen auf den Schleim abfärben. Wenn dir diese Schleim-Farbe nicht gefällt, kannst du einfach eine andere Farbe zum Schleim hinzufügen, zum Beispiel Rosa oder Blau.

4.

Bewahre den fertigen Schleim in einem luftdichten Behälter auf, damit er nicht austrocknet. Wenn der Schleim nicht benutzt wird, werden die Kügelchen nach oben steigen. Sobald du den Schleim knetest, bekommt er wieder sein altes Aussehen.

A.

B.

Wie groß dein Schleim wird, hängt davon ab, wie viel Schleim und Kügelchen du benutzt.

ZUCKER-SLIME

DIESER SCHLEIM KNIRSCHT GANZ TOLL UND SIEHT TOTAL SCHÖN AUS. ETWAS GLITZER DAZU, UND ER FUNKELT. ES MACHT GROSSEN SPASS, MIT IHM ZU SPIELEN. DIE KONSISTENZ IST UNVERGLEICHBAR — DU WIRST IHN GAR NICHT MEHR WEGLEGEN WOLLEN!

DAS BRAUCHST DU

Schleim-Ausrüstung

große Schüssel
Messbecher und Messlöffel
Löffel, Teigschaber oder Rührstab
luftdichter Behälter

Zutaten

1 Portion durchsichtiger Basis-Slime
(siehe Seite 16)
genau so viel Zucker-Granulat wie
Schleim

optional

farbiges Zusatzmittel (siehe Seite 24)
1–3 Tropfen Duftöl

VARIATIONEN

Rundum Rosa Zucker-Slime = durchsichtiger Basis-Slime (siehe Seite 16) + Zucker-Granulat + rosa Farbe + Glitzer in Rosa

Zuckerstreusel-Slime = durchsichtiger Basis-Slime (siehe Seite 16) + Zucker-Granulat + gelbe Farbe + Schaumstoffkügelchen in Bunt

Kaleidoskop-Zucker-Slime = durchsichtiger Basis-Slime (siehe Seite 16) + Zucker-Granulat + Glitzer in Bunt

Galaxy-Zucker-Slime = durchsichtiger Basis-Slime (siehe Seite 16) + Zucker-Granulat + lila Farbe + Glitzer in Silber

Kleingeld-Knirscher = durchsichtiger Basis-Slime (siehe Seite 16) + Zucker-Granulat + kupferne Farbe

1.

Stelle eine Portion durchsichtigen Basis-Slime her, der leicht klebrig ist (siehe Seite 16). Der Schleim sollte nicht überall kleben bleiben und dennoch klebrig genug sein, damit das Zucker-Granulat darin haften bleibt. Wenn du möchtest, kannst du Farbe und/oder Duftöl einkneten.

2.

Miss etwa genau so viel Zucker-Granulat wie Schleim ab (siehe Abb. A).

3.

Mische den Schleim mit dem Granulat (siehe Abb. B) und gib ein bisschen mehr Aktivierungmittel dazu, wenn sich die Masse zu klebrig anfühlt. Wenn dein Schleim noch mehr knirschen soll, arbeitest du etwas mehr Granulat ein. Gehe dabei behutsam vor, denn überwiegt die Granulatmenge, kann es sein, dass es sich nicht vollständig mit dem Schleim bindet. Wenn dein Schleim zu hart ist, lege ihn mithilfe eines Erwachsenen für ein paar Sekunden in warmes Wasser.

4.

Knete so lange, bis sich der Schleim und das Zucker-Granulat komplett miteinander vermengt haben. Denke daran: Mit dem Schleim zu spielen ist die beste Methode dafür!

5.

Bewahre den fertigen Schleim in einem luftdichten Behälter auf, damit er nicht austrocknet.

Wie groß der Schleim wird, hängt davon ab, wie viel Schleim und Granulat du benutzt.

A.

B.

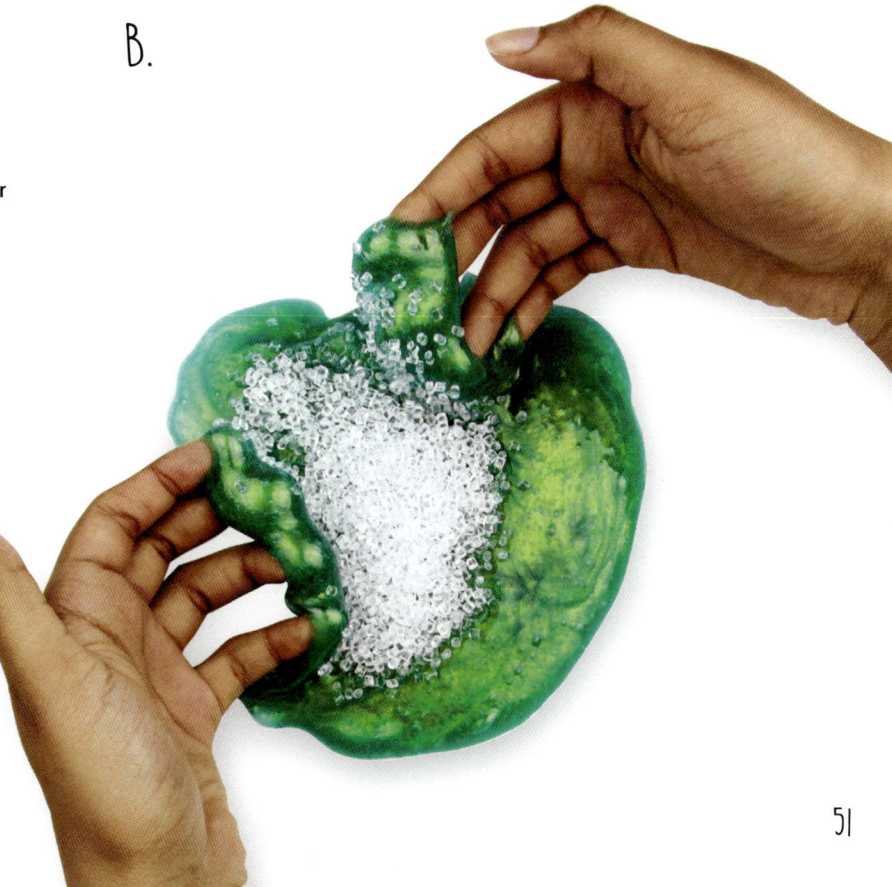

GLITZERBOMBE

DIESER SCHLEIM GLITZERT UND KNIRSCHT WIE VERRÜCKT UND ES MACHT SO VIEL SPASS, IHN ZU ZERQUETSCHEN UND AUSEINANDER ZU ZIEHEN. WIE VIEL GLITZER DU HINZUFÜGST, ENTSCHEIDEST DU — JE MEHR GLITZER, DESTO LAUTER DIE KNIRSCHGERÄUSCHE.

DAS BRAUCHST DU

Schleim-Ausrüstung

große Schüssel
Löffel, Teigschaber oder Rührstab
Messbecher und Messlöffel
luftdichter Behälter

Zutaten

1 Portion durchsichtiger Basis-Schleim
(siehe Seite 16)
ca. zwei- bis dreifache Menge grober
Glitzer wie Schleim

optional

farbiges Zusatzmittel (siehe Seite 24)
1–3 Tropfen Duftöl

VARIATIONEN

Fruchtiger Knirscher = transparenter Basis-Slime
(siehe Seite 16) + FIMO®-Stangen

1.

Stelle eine Portion durchsichtigen Basis-Slime her, der leicht klebrig ist (siehe Seite 16). Der Schleim sollte nicht überall kleben bleiben und dennoch klebrig genug sein, damit der Glitzer darin haften bleibt. Wenn du möchtest, kannst du Farbe und/oder Duftöl einkneten.

2.

Miss etwa zwei- bis dreimal mehr Glitzer als Schleim ab (siehe Abb. A).

3.

Mische den Schleim mit dem Glitzer (siehe Abb. B) und gib ein bisschen mehr Aktivierungsmittel dazu, wenn sich die Masse zu klebrig anfühlt. Wenn dein Schleim noch mehr knirschen soll, arbeitest du etwas mehr Glitzer ein. Gehe dabei behutsam vor, denn überwiegt die Glitzermenge, kann es sein, dass er sich nicht vollständig mit dem Schleim bindet. Wenn dein Schleim zu hart ist, lege ihn für ein paar Sekunden in warmes Wasser. Lass dir dabei von einem Erwachsenen helfen!

4.

Knete so lange, bis sich der Glitzer und der Schleim komplett miteinander vermengt haben. Denke daran: Mit dem Schleim zu spielen ist die beste Methode dafür!

5.

Bewahre den fertigen Schleim in einem luftdichten Behälter auf, damit er nicht austrocknet.

A.

B.

Wie groß der Schleim wird, hängt davon ab, wie viel Schleim und Glitzer du vermischst.

Schleim für Fortgeschrittene

IN DIESEM KAPITEL FINDEST
DU VIELE AUSSERGEWÖHNLICHE
SCHLEIMSORTEN, DIE
NICHT GANZ SO LEICHT
HERZUSTELLEN SIND. FOLGE
DEN ANWEISUNGEN UND ÜBE
ZUERST MIT DEN EINFACHEREN
REZEPTEN, BEVOR DU DIESE
HIER AUSPROBIERST. MIT ETWAS
ÜBUNG BEKOMMST DU DAS
AUF JEDEN FALL HIN!

METALLIC-SLIME

DIESER SCHLEIM SIEHT UMWERFEND AUS! ES GIBT VIELE MÖGLICHKEITEN, METALLIC-SLIME HERZUSTELLEN. HIER ERFÄHRST DU ALLES, WAS DU WISSEN MUSST.

DAS BRAUCHST DU

Schleim-Ausrüstung

große Schüssel
Messbecher und Messlöffel
Löffel, Teigschaber oder Rührstab
luftdichter Behälter

Zutaten

1 Portion durchsichtiger Basis-Slime
(siehe Seite 16)
pigmentiertes, farbiges Zusatzmittel
(siehe Kasten Seite 57)

optional

1–3 Tropfen Duftöl

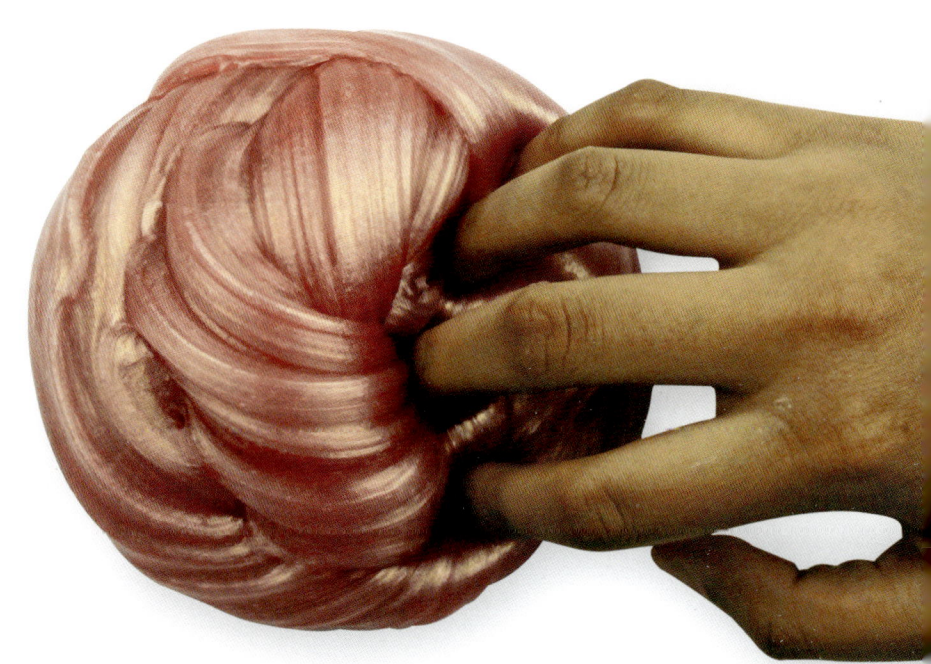

VARIATIONEN

Diskokugel-Slime = durchsichtiger Basis-Slime (siehe Seite 16) + silberne Farbe + holographischer Glitzer in Silber

Meerjungfrauen-Slime = durchsichtiger Basis-Slime (siehe Seite 16) + pigmentierte blaue Farbe + grober Glitzer in Bunt

Muschelmythos = durchsichtiger Basis-Slime (siehe Seite 16) + Perlmutt-Farbe + Glitzer in Rosé-Gold

Versunkener Schatz = durchsichtiger Basis-Slime (siehe Seite 16) + pigmentierte blaue Farbe + Mikroperlen in Gold

Goldglanz = durchsichtiger Basis-Slime (siehe Seite 16) + goldene Farbe

Pfauen-Pracht = durchsichtiger Basis-Slime (siehe Seite 16) + pigmentierte grüne Farbe + grober Glitzer in Blau und Silber

1.

Stelle eine Portion durchsichtigen Basis-Slime her (siehe Seite 16). Füge deine selbstgemachte Metallic-Farbe hinzu (Anleitung siehe unten) und knete, wenn du möchtest, etwas Duftöl ein (siehe Abb. A).

2.

Verknete den Schleim und die Farbe miteinander, wie es dir gefällt (siehe Abb. B). Du kannst die Farbe so einarbeiten, dass Schlieren entstehen oder dass sie gleichmäßig verteilt ist.

3.

Bewahre den fertigen Schleim in einem luftdichten Behälter auf, damit er nicht austrocknet.

A.

B.

Wie viel Farbe du brauchst, hängt davon ab, wie viel Schleim du benutzt.

WIE DU METALLIC-FARBEN HERSTELLST

Es gibt verschiedene Wege, um Metallic-Farben herzustellen:

- **Perlmutt-Acrylfarbe + 1 Tropfen Lebensmittelfarbe** oder **Metallic-Acrylfarbe**
- **Lidschatten:** Kratze etwas Lidschatten aus einem Döschen und knete das Pulver unter deinen Schleim. Diese Möglichkeit ist toll, um altes oder unbenutztes Make-Up zu verbrauchen.
- **(Metallic-)Pigmente:** Diese Möglichkeit eignet sich am besten für die Herstellung von Metallic-Slime, da die Farben leuchten und viele Farbpigmente enthalten.

GLIBBER-SLIME

DIESER SCHLEIM GLIBBERT UND WABBELT NOCH VIEL MEHR ALS ALLE ANDEREN SCHLEIMSORTEN! ER TROPFT DURCH DEINE FINGER, IST ABER NICHT KLEBRIG, WENN DU IHN RICHTIG HERGESTELLT HAST.

DAS BRAUCHST DU

Schleim-Ausrüstung

große Schüssel
Messbecher und Messlöffel
Löffel, Teigschaber oder Rührstab
luftdichter Behälter

Zutaten

250 ml weißer Leim
ca. 125 ml Schaumseife
180 ml warmes oder heißes Wasser
1 Aktivierungsmittel (siehe Tabelle Seite 14)

optional

farbiges Zusatzmittel (siehe Seite 24)
1–3 Tropfen Duftöl

VARIATIONEN

Schokopudding = Glibber-Slime + braune Farbe

Bananenjoghurt = Glibber-Slime + gelbe Farbe

Sahne-Pfirsich = Glibber-Slime + pfirsichfarbene Farbe + große Schaumstoffkügelchen in Weiß

Milchreis = Glibber-Slime + mittelgroße Schaumstoffkügelchen in Weiß

SCHLEIM FÜR FORTGESCHRITTENE

1.

Gib den Leim in eine große Schüssel und die Schaumseife, das Wasser und ggf. Farben und/oder Duftöl darauf. Alles gründlich miteinander vermengen, sodass ein gleichmäßiges Gemisch entsteht (siehe Abb. A).

A.

2.

Mische das Aktivierungsmittel nach und nach in kleinen Mengen unter (immer etwa 1–2 Esslöffel auf einmal, siehe Abb. B). Schau dafür am besten noch einmal ins Rezept für weißen Basis-Slime, um sicher zu gehen, wie viel Aktivierungsmittel du benötigst. Prinzipiell brauchst du für Glibber-Slime aufgrund des Wassers immer etwas mehr Aktivierungsmittel als bei „normalem" Schleim. Höre einfach auf dein Bauchgefühl und denke daran, pro Schleim-Portion immer dasselbe Mittel zu verwenden.

B.

3.

Knete den Schleim, sobald die Mischung ein bisschen klebrig wird (siehe Abb. C). Verteile vor dem Kneten etwas Aktivierungsmittel auf deinen Händen, damit weniger Schleim an ihnen kleben bleibt. Mit dem Schleim zu spielen ist die beste Methode, um ihn gründlich zu mischen und die beste Konsistenz zu erhalten.

C.

4.

Bewahre den fertigen Schleim in einem luftdichten Behälter auf, damit er nicht austrocknet.

Ergibt etwa 500 ml Schleim.

SCHAUM-SLIME

KNIRSCHENDER SCHLEIM IST GROSSARTIG UND DIESER HIER KNIRSCHT VON ALLEN AM MEISTEN. BENUTZE FÜR DAS REZEPT UNBEDINGT TRANSPARENTEN SCHLEIM, DENN MIT IHM BLEIBEN DIE MEISTEN SCHAUMSTOFFKÜGELCHEN AM BESTEN IM SCHLEIM HAFTEN UND DAS KNIRSCHEN WIRD AM LAUTESTEN.

DAS BRAUCHST DU

Schleim-Ausrüstung

große Schüssel
Messbecher und Messlöffel
Löffel, Teigschaber oder Rührstab
luftdichter Behälter

Zutaten

1 Portion durchsichtiger Basis-Slime
(siehe Seite 16)
genau so viele Schaumstoffkügelchen
wie Schleim

optional

farbiges Zusatzmittel (siehe Seite 24)
1–3 Tropfen Duftöl

Wie viel Schleim du am Ende hast, hängt davon ab, wie viel Schleim und Kügelchen du benutzt.

SCHLEIM FÜR FORTGESCHRITTENE

1.

Stelle einen durchsichtigen Basis-Slime her, der sehr klebrig und dehnbar ist (siehe Seite 16). Wenn du möchtest, kannst du Farben und/oder Duftöl einkneten.

A.

2.

Miss etwa genau so viele Schaumstoffkügelchen wie Schleim ab (siehe Abb. A) und mische sie unter (siehe Abb. B). **Gib ein bisschen mehr Aktivierungsmittel dazu,** wenn sich die Masse zu klebrig anfühlt. Wenn dein Schleim noch mehr knirschen soll, arbeitest du etwas mehr Kügelchen ein. Gehe dabei behutsam vor, denn überwiegt die Schaumstoffmenge, kann es sein, dass die Kügelchen sich nicht vollständig mit dem Schleim binden. Denke daran: Mit dem Schleim zu spielen ist die beste Methode, um ihn gründlich zu mischen!

B.

3.

Bewahre den fertigen Schleim in einem luftdichten Behälter auf, damit er nicht austrocknet.

VARIATIONEN

Sternenhimmel-Slime = durchsichtiger Basis-Slime (siehe Seite 16) + normale Schaumstoffkügelchen + dunkelblaue Farbe + Glitzer in Dunkelblau

Party-Schaum-Slime = durchsichtiger Basis-Slime (siehe Seite 16) + rote Farbe + Schaumstoffkügelchen in Bunt

Liebes-Schaum-Slime = durchsichtiger Basis-Slime (siehe Seite 16) + kleine Schaumstoffkügelchen + grober Glitzer in Rosa

Glücks-Schaum-Slime = durchsichtiger Basis-Slime (siehe Seite 16) + große Schaumstoffkügelchen + grüne Farbe + Glitzer in Dunkelgrün

Obstsalat-Schaum-Slime = durchsichtiger Basis-Slime (siehe Seite 16) + kleine Schaumstoffkügelchen + FIMO®-Stangen mit Obst-Motiven

JUWELEN-SLIME

DIESER SCHLEIM AUS DURCHSICHTIGEM LEIM IST NICHT NUR SCHÖN FLUFFIG, SONDERN AUCH DURCHSCHEINEND. DIE „GEHEIM"-ZUTAT SORGT FÜR EINE EINZIGARTIGE KONSISTENZ, NACH DER DU GANZ VERRÜCKT SEIN WIRST! DU MUSST WEDER WASSERPERLEN ZER-DRÜCKEN NOCH EINE WINDEL AUFSCHNEIDEN SONDERN LEDIGLICH WASSER HINZUFÜGEN. SCHAU AUF SEITE 35 NACH, UM MEHR ÜBER DIE WICHTIGSTE ZUTAT FÜR DIESEN SCHLEIM ZU ERFAHREN: SUPERABSORBER (SAP).

DAS BRAUCHST DU

Schleim-Ausrüstung

große Schüssel
Messbecher und Messlöffel
Löffel, Teigschaber oder Rührstab
luftdichter Behälter

Zutaten

1 Portion durchsichtiger Basis-Slime (siehe Seite 16)
180 ml Superabsorber (das ist die Menge, nachdem Wasser hinzugefügt wurde)

optional

farbiges Zusatzmittel (siehe Seite 24)
1–3 Tropfen Duftöl

VARIATIONEN

Amethyst-Slime = durchsichtiger Basis-Slime (siehe Seite 16) + lila Farbe + SAP

Diamanten-Slime = durchsichtiger Basis-Slime (siehe Seite 16) + SAP + feiner Glitzer in Silber

Rubin-Slime = durchsichtiger Basis-Slime (siehe Seite 16) + rote Farbe + SAP

1.

Stelle einen durchsichtigen Basis-Slime her, der sehr klebrig und dehnbar ist (siehe Seite 16), da der Superabsorber später im Schleim kleben bleiben muss. Wenn du möchtest, kannst du Farben und/oder **Duftöl einkneten** (siehe Abb. A).

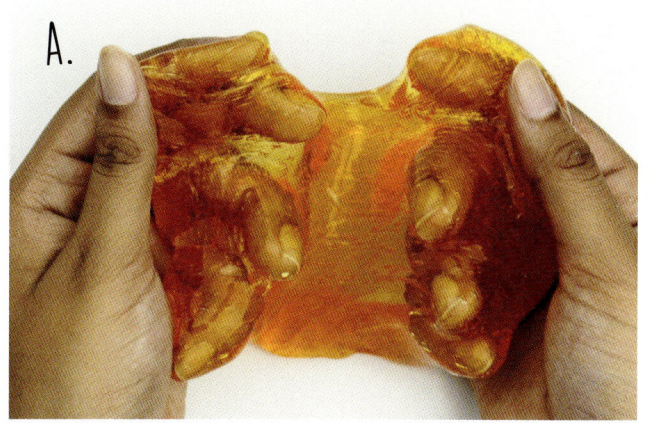

A.

2.

Halte dich an die Packungsanweisung, wenn du Wasser zum Superabsorber hinzufügst, und vermenge beides gründlich. **Miss die benötigte Menge ab** (siehe Abb. B).

B.

3.

Mische den Schleim sorgfältig mit dem Superabsorber (siehe Abb. C). **Wenn sich die Mischung zu klebrig anfühlt, gibst du ein bisschen mehr Aktivierungsmittel dazu.** Denke daran: Mit dem Schleim zu spielen ist die beste Methode, um ihn gründlich zu mischen.

4.

Bewahre den fertigen Schleim in einem luftdichten Behälter auf, damit er nicht austrocknet.

C.

Ergibt etwa 440 ml Schleim.

ZUCKERWATTE-SLIME

DIESER SCHLEIM KNIRSCHT SO TOLL UND ES MACHT UNHEIMLICH VIEL SPAß, MIT IHM ZU SPIELEN! ER SIEHT AUS WIE ZUCKERWATTE UND DER DEKO–SCHNEE VERLEIHT IHM EIN GANZ BESONDERES HANDGEFÜHL.

DAS BRAUCHST DU

Schleim-Ausrüstung

große Schüssel
Messbecher und Messlöffel
Löffel, Teigschaber oder Rührstab
luftdichter Behälter

Zutaten

1 Portion weißer Basis-Slime
(siehe Seite 14)
genau so viel Deko-Schnee
wie Schleim

optional

farbiges Zusatzmittel (siehe Seite 24)
1–3 Tropfen Duftöl

VARIATIONEN

Rosa Zuckerwatte-Slime = weißer Basis-Slime (siehe Seite 14) + rosa Farbe + Deko-Schnee

1.

Stelle einen weißen Basis-Slime her, der sehr klebrig und dehnbar ist (siehe Seite 14), damit der Deko-Schnee später darin kleben bleibt. Wenn du möchtest, kannst du auch Farben und/oder Duftöl einkneten.

2.

Miss etwa genau so viel Deko-Schnee wie Schleim ab (siehe Abb. A).

3.

Mische den Schleim mit dem Deko-Schnee (siehe Abb. B) **und gib ein bisschen mehr Aktivierungsmittel dazu, wenn sich die Masse zu klebrig anfühlt. Wenn dein Schleim noch mehr knirschen soll, arbeitest du etwas mehr Deko-Schnee ein. Gehe dabei behutsam vor, denn überwiegt die Schnee-Menge, kann es sein, dass er sich nicht vollständig mit dem Schleim bindet. Denke daran: Mit dem Schleim zu spielen ist die beste Methode, um ihn gründlich zu mischen!**

4.

Bewahre den fertigen Schleim in einem luftdichten Behälter auf, damit er nicht austrocknet.

A.

B.

Wie viel Schleim du am Ende hast, hängt davon ab, wie viel Schleim und Deko-Schnee du benutzt.

KINETISCHER SLIME

DIE HERSTELLUNG VON DIESEM SCHLEIM KANN EIN BISSCHEN KNIFFLIG SEIN, ABER ER HAT EINE TOTAL GENIALE KONSISTENZ. VIEL SPASS BEIM ANRÜHREN!

SCHLEIM FÜR FORTGESCHRITTENE

DAS BRAUCHST DU

Schleim-Ausrüstung

große Schüssel
Messbecher und Messlöffel
Löffel, Teigschaber oder Rührstab
luftdichter Behälter

Zutaten

1 Portion weißer Basis-Slime (siehe Seite 14)
genau so viel kinetischer Sand wie Schleim
60 ml Creme

optional

farbiges Zusatzmittel (siehe Seite 24)
1–3 Tropfen Duftöl

VARIATIONEN

Sandstrand-Slime = kinetischer Slime + hellbraune Farbe + Glitzer in Blau + Mikroperlen in Gold

Kinetisches Slime-Trio = vermische diese Schleimsorten: kinetischer Slime in Rot + kinetischer Slime in Blau + kinetischer Slime in Gelb

Slime-Sand mit verstecktem Schatz = kinetischer Slime + hellbraune Farbe + kleines Spielzeug, das du im Schleim verstecken kannst

1.

Stelle einen weißen Basis-Slime her, der sehr klebrig und dehnbar ist (siehe Seite 14), damit der kinetische Sand später im Schleim kleben bleibt. Wenn du möchtest, kannst du auch Farben und/oder Duftöl einkneten.

2.

Miss etwa genau so viel kinetischen Sand wie Schleim ab (siehe Abb. A).

3.

Vermische den Schleim gründlich mit dem kinetischen Sand (siehe Abb. B). Wenn sich die Mischung zu klebrig anfühlt, kannst du ein bisschen mehr Aktivierungsmittel dazugeben.

4.

Knete die Creme unter den Schleim (siehe Abb. C). Denke daran: Mit dem Schleim zu spielen ist die beste Methode, um ihn gründlich zu mischen!

5.

Bewahre den fertigen Schleim in einem luftdichten Behälter auf, damit er nicht austrocknet.

Wie viel Schleim du am Ende hast, hängt davon ab, wie viel Schleim und Sand du benutzt.

A.

B.

C.

Schleim für Experten

IN DIESEM KAPITEL LERNST DU EIN PAAR KOMPLIZIERTERE SCHLEIMSORTEN KENNEN. MIT ETWAS GEDULD UND ÜBUNG WIRST DU BALD EIN MEISTER IM HERSTELLEN DIESER SORTEN SEIN. LASS DIR GENÜGEND ZEIT UND GIB NICHT AUF, WENN ES NICHT SOFORT KLAPPT!

FANTASTISCHER FLUFFY-SLIME

DIESES REZEPT WIE SEIN PENDANT (SIEHE SEITE 44) PERFEKT HINZUBEKOMMEN, IST NICHT GANZ SO EINFACH. DIE FLUFFIGKEIT DES SCHLEIMS WIRD MIT DER ZEIT WENIGER, DOCH SOBALD DU MIT IHM SPIELST, WIRD ER WIEDER WIE NEU SEIN. DAS REZEPT IST ETWAS KOMPLIZIERTER UND HAT VIELE ZUTATEN – JEDE VON IHNEN IST ABER WICHTIG UND HAT IHREN ZWECK!

DAS BRAUCHST DU

Schleim-Ausrüstung

große Schüssel
Messbecher und Messlöffel
Löffel, Teigschaber oder Rührstab
luftdichter Behälter

Zutaten

250 ml weißer Leim
ca. 125 ml Schaumseife
ca. 125 ml Rasierschaum
4 Esslöffel (60 ml) Speisestärke
1 Esslöffel (15 ml) schäumender Gesichtsreiniger
2x 2 Esslöffel (2x 30 ml) Creme
1 Aktivierungsmittel (siehe Tabelle Seite 14)
60 ml lufttrocknende Modelliermasse

optional

farbiges Zusatzmittel (siehe Seite 24)
1–3 Tropfen Duftöl

VARIATIONEN

Zitronencremetorte = fantastischer Fluffy-Slime + gelbe Farbe

Pfirsichtraum = fantastischer Fluffy-Slime + pfirsichfarbene Farbe

Pistazieneis = fantastischer Fluffy-Slime + grüne Farbe + feiner Glitzer in Dunkelbraun

Schwarzwälder-Kirsch-Creme = fantastischer Fluffy-Slime + rote oder rosa Farbe

Schokoladentorte = fantastischer Fluffy-Slime + braune Farbe

1.

Gib den Leim in eine große Schüssel und Schaumseife, Rasierschaum, Speisestärke, Gesichtsreiniger und 2 Esslöffel (30 ml) Creme darauf (siehe Abb. A). Wenn du möchtest, kannst du Farben und/oder Duftöl unterkneten. Alles gründlich mischen.

2.

Mische das Aktivierungsmittel nach und nach in kleinen Mengen unter (immer etwa 1–2 Esslöffel auf einmal, siehe Abb. B). Schau dir dafür am besten noch einmal die Angaben auf Seite 14 an, um sicher zu gehen, wie viel Aktivierungmittel du brauchst. Die Konsistenz des Schleims hängt davon ab, welche Menge du davon einarbeitest. Höre zur Not einfach auf dein Bauchgefühl und achte darauf, pro Schleim-Portion immer dasselbe Mittel zu verwenden.

3.

Sobald die Mischung beim Verrühren ein bisschen klebrig wird, kannst du anfangen, den Schleim zu kneten. Dann die Modelliermasse einarbeiten (siehe Abb. C). Verteile vor dem Kneten ein wenig Aktivierungsmittel auf deinen Händen, damit weniger Schleim an ihnen kleben bleibt. Denke daran: Mit dem Schleim zu spielen ist die beste Methode, um ihn gründlich zu mischen und die beste Konsistenz zu erhalten.

4.

Füge die restliche Creme hinzu, um den Schleim noch dehnbarer zu machen (siehe Abb. D).

5.

Bewahre den fertigen Schleim in einem luftdichten Behälter auf, damit er nicht austrocknet.

A.

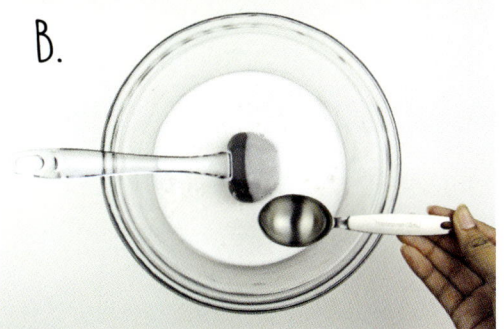

B.

C.

D.

Ergibt etwa 560 ml Schleim.

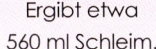

TOTAL TRANSPARENTER SLIME

DIESER SCHLEIM IST AM SCHWIERIGSTEN VON ALLEN HERZUSTELLEN UND DU BRAUCHST VIEL GEDULD. WENN DU FERTIG BIST UND DER SCHLEIM NICHT DEHNBAR GENUG IST, LEGE IHN (MEHRMALS) FÜR EIN PAAR SEKUNDEN IN WARMES WASSER. DIE LUFTBLÄSCHEN IM SCHLEIM VERSCHWINDEN DADURCH AUCH SCHNELLER. ZU VIEL WASSER KANN DEINEM SCHLEIM ALLERDINGS SCHADEN, DA ER SCHNELLER REISSEN UND TRÜB WERDEN KANN. AUCH DAS AKTIVIERUNGSMITTEL KANN DEINEN SCHLEIM TRÜBEN. MEINER ERFAHRUNG NACH FUNKTIONIEREN HIER KONTAKTLINSENFLÜSSIGKEIT UND NATRON AM BESTEN.

SCHLEIM FÜR EXPERTEN

DAS BRAUCHST DU

Schleim-Ausrüstung

große Schüssel
Messbecher und Messlöffel
Löffel, Teigschaber oder Rührstab
luftdichter Behälter

Zutaten

250 ml durchsichtiger Leim
1 Aktivierungsmittel (siehe Tabelle Seite 16)

1.

Reinige sorgfältig alle Werkzeuge und Schüsseln und fülle dann den Leim langsam hinein, damit so wenig Bläschen wie möglich entstehen (siehe Abb. A).

2.

Mische das Aktivierungsmittel nach und nach in kleinen Mengen unter (immer etwa 1–2 Esslöffel auf einmal, siehe Abb. B). **Schau dafür am besten noch einmal die Angaben auf Seite 16 an, um sicher zu gehen, wie viel Aktivierungsmittel du brauchst. Die Menge kann je nach Leimsorte leicht variieren. Denke daran, pro Schleim-Portion immer dasselbe Mittel zu verwenden. Verrühre die Zutaten ganz langsam, damit der Schleim so transparent wie möglich bleibt.**

3.

Verrühre deinen Schleim jedes Mal ganz sorgfältig, bevor du neues Aktivierungsmittel hinzufügst. Die Schleimkonsistenz hängt davon ab, wie viel Aktivierungsmittel du hinzufügst und du kannst sie ganz nach deinem Wunsch anpassen. Beachte: Diesen Schleim darfst du nicht kneten, da sich das Fett auf deiner Haut sonst auf den Schleim überträgt (siehe Abb. C).

4.

Bewahre den fertigen Schleim in einem luftdichten Behälter auf, damit er nicht austrocknet. Der Schleim wird innerhalb von 2–5 Tagen vollkommen transparent sein, je nachdem, wie kräftig du gerührt hast. Denke beim Spielen mit dem Schleim daran, dass deine Hände ganz sauber sein müssen, weil sich alles, was an deiner Haut klebt, auf den Schleim übertragen wird.

A.

Ergibt etwa 420 ml Schleim.

B.

C.

VARIATIONEN

Detox-Slime = durchsichtiger Basis-Slime (siehe Seite 16) + verschiedene FIMO®-Stangen mit Obst-Motiven

Kristall-Slime = durchsichtiger Basis-Slime (siehe Seite 16) + feiner Glitzer in Silber

Zitronen-Wasser-Slime = durchsichtiger Basis-Slime (siehe Seite 16) + FIMO®-Stangen mit Zitronen-Motiv

KAUGUMMI-SLIME

DIESER SCHLEIM ÄHNELT DEM FLUFFY-SLIME AUF SEITE 70, ER IST JEDOCH NOCH FLUFFIGER UND BEHÄLT SEINE FORM BESSER. ER EIGNET SICH PERFEKT, UM KLEINE STRUDEL ZU ERZEUGEN, VERLIERT AUFGRUND DES RASIERSCHAUMS IM REZEPT ABER RELATIV SCHNELL SEINE LUFTIGKEIT.

DAS BRAUCHST DU

Schleim-Ausrüstung

große Schüssel
Messbecher und Messlöffel
Löffel, Teigschaber oder Rührstab
luftdichter Behälter

Zutaten

250 ml weißer Leim
ca. 125 ml Schaumseife
ca. 125 ml Rasierschaum
5 Esslöffel (75 ml) Speisestärke
1 Esslöffel (15 ml) schäumender Gesichtsreiniger
2x 2 Esslöffel (2x 30 ml) Creme
1 Aktivierungsmittel (siehe Tabelle Seite 14)

optional

farbiges Zusatzmittel (siehe Seite 24)
1–3 Tropfen Duftöl

VARIATIONEN

Rosa Kaugummi-Slime = Kaugummi-Slime + rosa Farbe

Minz-Kaugummi-Slime = Kaugummi-Slime + hellgrüne Farbe

Prickelnder Kaugummi-Slime = Kaugummi-Slime + Glitzer in Rot

Zimt-Kaugummi-Slime = Kaugummi-Slime + feiner Glitzer in Braun

1.

Gib den Leim in eine große Schüssel und füge Schaumseife, Rasierschaum, Speisestärke, Gesichtsreiniger und 2 Esslöffel (30 ml) Creme hinzu. Wenn du möchtest, kannst du Farben und/oder Duftöl einarbeiten (siehe Abb. A). **Alles gründlich mischen.**

Ergibt etwa 625 ml Schleim.

2.

Mische das Aktivierungsmittel nach und nach in kleinen Mengen unter (immer etwa **1–2 Esslöffel auf einmal,** siehe Abb. B). Schau dafür am besten noch einmal ins Rezept für weißen Basis-Slime, um sicher zu gehen, wie viel Aktivierungsmittel du brauchst. Die Menge kann je nach Leimsorte leicht variieren. Die Konsistenz des Schleims hängt davon ab, wie viel Aktivierungsmittel du hinzufügst. Höre zur Not einfach auf dein Bauchgefühl und achte darauf, pro Schleim-Portion immer dasselbe Mittel zu verwenden.

3.

Sobald die Mischung ein bisschen klebrig wird, kannst du anfangen, den Schleim zu **kneten** (siehe Abb. C). **Verteile vor dem Kneten ein wenig Aktivierungsmittel auf deinen Händen,** damit weniger Schleim an ihnen kleben bleibt. Denke daran: Mit dem Schleim zu spielen ist die beste Methode, um ihn gründlich zu mischen und die beste Konsistenz zu erhalten.

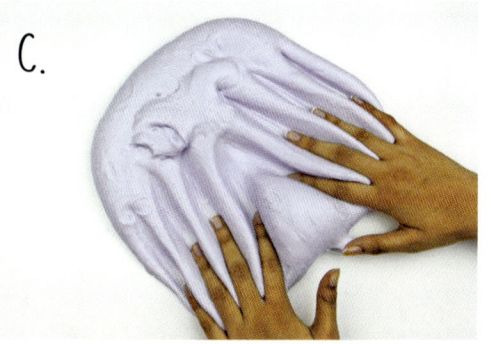

4.

Füge die restliche Creme hinzu, um den Schleim noch dehnbarer zu machen (siehe Abb. D).

5.

Bewahre den fertigen Schleim in einem luftdichten Behälter auf, damit er nicht austrocknet.

BUTTER-SLIME

DIESER SCHLEIM ENTHÄLT NICHT WIRKLICH BUTTER, ES SIEHT ABER SO AUS! ER IST WEICH, FLUFFIG UND ES MACHT MEGA VIEL SPASS, IHN ZU ZERDRÜCKEN!

SCHLEIM FÜR EXPERTEN

DAS BRAUCHST DU

Schleim-Ausrüstung

große Schüssel
Löffel, Teigschaber oder Rührstab
Messbecher und Messlöffel
luftdichter Behälter

Zutaten

1 Portion weißer Basis-Slime
(siehe Seite 14)
etwa genau so viel lufttrocknende
Modelliermasse wie Schleim

optional

farbiges Zusatzmittel (siehe Seite 24)
1–3 Tropfen Duftöl
Creme (um den Schleim weicher zu
machen)
Speisestärke (um den Schleim dicker zu
machen)

WELCHE MODELLIERMASSE EIGNET SICH FÜR BUTTER–SLIME AM BESTEN?

Die japanische Modelliermasse Daiso Soft Clay eignet
sich zur Herstellung von Butter-Slime am besten. Allerdings
ist sie relativ schwer zu finden. Andere lufttrocknende
Modelliermassen, die als „leicht" ausgezeichnet sind und
sich einfach formen lassen, funktionieren aber genau so
gut, wenn du zusätzlich Creme zum Schleim gibst.

VARIATIONEN

Keksteig = Butter-Slime + hellbraune
Farbe + gebackene oder gehärtete
Stückchen aus braunem FIMO®

Erdbeerquark = Butter-Slime + rosa
Farbe

1.

Stelle einen weißen Basis-Slime her, der leicht klebrig ist (siehe Seite 14). Wenn du möchtest, kannst du Farben und/oder Duftöl einarbeiten.

2.

Miss etwa genau so viel lufttrocknende Modelliermasse wie Schleim ab (siehe Abb. A).

3.

Vermische den Schleim so lange mit der Modelliermasse, bis keine Klumpen mehr vorhanden sind. Der Schleim sollte sich sehr glatt anfühlen (siehe Abb. B).

4.

Wenn die Mischung zu klebrig ist, gib etwas Aktivierungsmittel dazu. Für eine fluffigere Konsistenz arbeitest du noch etwas mehr Modelliermasse unter. Ist dir der Schleim zu steif, mischst du Creme unter und um eine festere Konsistenz zu erhalten, gibst du mehr Speisestärke dazu.

5.

Mit dem Schleim zu spielen ist die beste Methode, um die Modelliermasse und den Schleim gründlich zu mischen. Knete so lange weiter, bis der Schleim sich überall gleich und total cremig anfühlt und sich dehnen lässt.

6.

Bewahre den fertigen Schleim in einem luftdichten Behälter auf, damit er nicht austrocknet.

A.

B.

Wie viel Schleim du am Ende hast, hängt davon ab, wie viel Schleim und Modelliermasse du benutzt.

SOFTEIS-SLIME

MIT DIESEM SCHLEIM ZU SPIELEN ENTSPANNT UND BERUHIGT UND ES MACHT VIEL SPASS, IHN AUSEINANDER ZU ZIEHEN. ER QUILLT ZWAR DURCH DIE FINGER, BLEIBT ABER NICHT AN DEN HÄNDEN KLEBEN.

DAS BRAUCHST DU

Schleim-Ausrüstung

große Schüssel
Messbecher und Messlöffel
Löffel, Teigschaber oder Rührstab
luftdichter Behälter

Zutaten

250 ml weißer Leim
ca. 125 ml Schaumseife
500 ml Speisestärke
2x 2 Esslöffel (2x 30 ml) Creme
1 Aktivierungsmittel (siehe Tabelle Seite 14)

optional

farbiges Zusatzmittel (siehe Seite 24)
1–3 Tropfen Duftöl

VARIATIONEN

Pfirsich-Softeis-Slime = Softeis-Slime + rote und gelbe Farbe

Erdbeertraum = Softeis-Slime + rosa Farbe

Marshmallow-Traum = Softeis-Slime + Marshmallow-Duftöl

Waldmeistertraum = Softeis-Slime + grüne Farbe

Heidelbeertraum = Softeis-Slime + blaue Farbe

1.

Gib den Leim in eine große Schüssel und die Schaumseife, die Hälfte der Speisestärke und 2 Esslöffel (30 ml) Creme dazu. Wenn du möchtest, kannst du Farbe und/oder Duftöl einarbeiten (siehe Abb. A). **Alles gründlich mischen.**

A.

Ergibt etwa 645 ml Schleim.

2.

Mische das Aktivierungsmittel nach und nach in kleinen Mengen unter (immer etwa **1–2 Esslöffel auf einmal,** siehe Abb. B). **Schau dir dafür am besten noch einmal die Angaben auf Seite 14 an, um sicher zu gehen, wie viel Aktivierungsmittel du brauchst. Die Menge kann je nach Leimsorte leicht variieren. Die Konsistenz des Schleims hängt davon ab, wie viel Aktivierungsmittel du hinzufügst. Höre zur Not einfach auf dein Bauchgefühl und achte darauf, pro Schleim-Portion immer dasselbe Mittel zu verwenden.**

B.

3.

Sobald die Mischung ein bisschen klebrig wird, kannst du anfangen, den Schleim zu **kneten** (siehe Abb. C). **Verteile vor dem Kneten ein wenig Aktivierungsmittel auf deinen Händen, damit weniger Schleim an ihnen kleben bleibt. Denke daran: Mit dem Schleim zu spielen ist die beste Methode, um ihn gründlich zu mischen und die beste Konsistenz zu erhalten.**

C.

4.

Füge die restliche Speisestärke hinzu, wenn dein Schleim matter aussehen soll. Dann arbeitest du die übrige Creme unter, um den Schleim noch dehnbarer zu machen (siehe Abb. D).

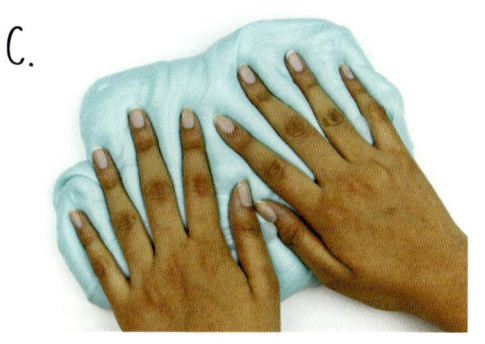

D.

5.

Bewahre den fertigen Schleim in einem luftdichten Behälter auf, damit er nicht austrocknet.

Schleim in Aktion

IN DIESEM KAPITEL ZEIGE ICH DIR, WAS DU MIT DEINEM SCHLEIM NOCH SO ALLES ANSTELLEN KANNST — ZUMINDEST FÜR EINE KURZE ZEIT. DU KANNST MIT IHM WIRKLICH EINZIGARTIGE DINGE MACHEN UND IHN DABEI GANZ NEU KENNENLERNEN.

BLUBBER-SLIME

ES GIBT VIELE VERSCHIEDENE MÖGLICHKEITEN, WIE DU DEINEN SCHLEIM ZUM BLUBBERN BRINGEN KANNST!

Lass den Schleim über Nacht ruhen

Bei fast jedem Schleim bilden sich Bläschen, wenn du ihn über Nacht ruhen lässt. Das liegt daran, dass beim Rühren während der Herstellung Luft in den Schleim gelangt. Die Bläschen steigen mit der Zeit nach oben und der Schleim blubbert. Je nach Leimart entstehen übrigens andere Bläschenarten. Bei weißem Leim bilden sich dickere und mehr Blasen, wohingegen bei transparentem Leim die Bläschen beim Spielen später für ein stärkeres Knirschen sorgen.

SCHLEIM AUS DURCHSICHTIGEM LEIM (SIEHE OBEN) UND SCHLEIM AUS WEISSEM LEIM (SIEHE LINKS), BEI DENEN SICH ÜBER NACHT BLÄSCHEN GEBILDET HABEN.

SCHLEIM IN AKTION

Mit den folgenden Möglichkeiten kannst du Schleim aus weißem Leim noch stärker blubbern lassen:

Methode 1

Benutze das Rezept für weißen Basis-Slime (siehe Seite 14) und gib anstatt 125 ml Schaumseife 500 ml Seife hinzu. Lass den Schleim für 1–2 Tage in einem luftdichten Behälter ruhen, sodass sich Bläschen bilden können.

Methode 2

Verwende auch hier das Rezept für weißen Basis-Slime und mische 500–750 ml Rasierschaum unter. Lass den Schleim ebenfalls 1–2 Tage in einem luftdichten Behälter ruhen, sodass die Bläschen in Ruhe aufsteigen können. Es bilden sich dicke Bläschen, deren Geräusche eher an ein Knistern als ein Knirschen erinnern. Vielleicht wirst du feststellen, dass sich die Bläschen bei dieser Methode ziemlich klebrig anfühlen werden. Dies kannst du vermeiden, wenn du von vornherein einen Schleim herstellst, der nicht klebrig ist. Mit etwas mehr Aktivierungsmittel sollte dir dies gelingen.

Blubbernder Schleim ist leider nur von kurzer Dauer – sobald alle Bläschen geplatzt sind, gibst du deshalb einfach erneut Rasierschaum oder Schaumseife zu deinem Schleim. Nach ein paar Mal wird der Schleim schließlich keine Blasen mehr schieben und vielleicht sogar flüssig werden. Dann kannst du ihn für Eisberg-Schleim weiter verwenden (siehe Seite 86).

LAWINEN-SLIME

MIT DIESEM SCHLEIM ERZEUGST DU FÜR KURZE ZEIT EINEN FASZINIERENDEN EFFEKT. UM DAS GANZE NOCH INTERESSANTER ZU MACHEN, KANNST DU GLITZER, MIKROPERLEN ODER ANDERE ZUTATEN DAZUGEBEN. IN KAPITEL 2 FINDEST DU DIE VERSCHIEDENEN OPTIONEN.

SCHLEIM IN AKTION

Für den Lawinen-Slime brauchst du sowohl weißen Basis-Slime (siehe Seite 14), als auch durchsichtigen Basis-Slime (siehe Seite 16)

1.

Fülle die Hälfte eines Behälters mit durchsichtigem Basis-Slime. Du kannst so viele verschiedene Farben hinzufügen, wie du möchtest (siehe Abb. A).

2.

Fülle den Rest des Behälters mit weißem Basis-Slime auf (siehe Abb. B).

3.

Stich drei bis sechs Mal mit einem Finger in den Schleim, aber nicht öfter, weil sich der Schleim sonst zu sehr vermischt (siehe Abb. C). **Lass den Schleim 1–2 Tage ruhen, dann ist dein Lawinen-Schleim fertig.**

Bedenke: Sobald du zwei Schleimsorten mischst, wirst du sie nicht wieder trennen können. Sie werden zu einem eigenen, neuen Schleim.

A.

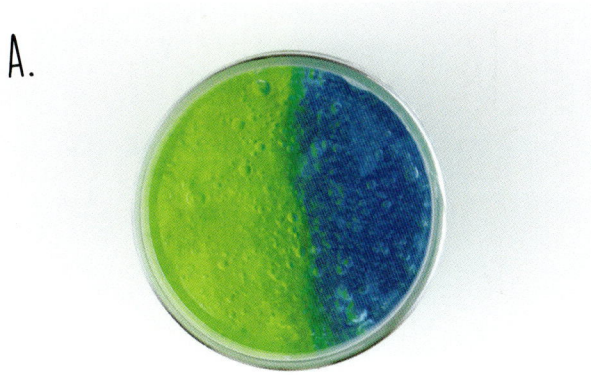

B.

C.

EISBERG-SLIME

DIESER SCHLEIM GIBT WUNDERBAR ZISCHENDE ODER SPRUDELNDE GERÄUSCHE VON SICH UND ES MACHT RICHTIG VIEL SPAß, MIT IHM ZU SPIELEN. EISBERG-SLIME EIGNET SICH ZUDEM PERFEKT ALS RESTEVERWERTER.

SCHLEIM IN AKTION

1.

Nimm ca. 250 ml alten weißen Basis-Slime, der leicht klebrig ist (siehe Seite 14) und füge die vierfache Menge an Rasierschaum hinzu. Vielleicht musst du noch etwas Aktivierungsmittel untermischen, damit er etwas flutschiger wird. Arbeite anschließend 60–125 ml Speisestärke unter (siehe Abb. A).

2.

Fülle den Schleim in eine große Glas- oder Metallschüssel (siehe Abb. B) und lass ihn 3–4 Tage ruhen, bis eine dicke Schicht an der Oberfläche getrocknet ist. Fasse den Schleim in dieser Zeit nicht an.

3.

Sobald sich die erste Trockenschicht gebildet hat (siehe Abb. C), kannst du mit deinen Fingern hineinstechen und spielen: Ziehe danach die obere Schicht ab oder knete sie zurück in den Schleim. Die trockenen Teile vermischen sich nach einer Weile wieder mit dem Rest. Wenn du noch einmal Eisberg-Slime machen möchtest, füge einfach erneut Rasierschaum oder Speisestärke hinzu. Wenn du dies ein paar Mal wiederholst, wird dein Schleim schließlich komplett flüssig werden.

Wenn du keinen alten weißen Basis-Slime hast, kannst du auch einfach eine frische Portion machen und wie oben beschrieben fortfahren.

A.

B.

C.

OMBRÉ-SLIME

DIESER SCHLEIM SIEHT RICHTIG HÜBSCH AUS UND IST GANZ EINFACH HERZUSTELLEN.

1.

Nimm zwei verschiedenfarbige Schleim-Portionen und lege sie nebeneinander in einen **luftdichten Behälter** (siehe Abb. A).

2.

Lass sie für ein paar Tage ruhen. Danach sollten sie sich in der Mitte leicht vermischt haben, sodass ein toller Ombré-Effekt entsteht (siehe Abb. B). **Um die besten Ergebnisse zu erzielen, solltest du zwei Schleim-Portionen der gleichen Basis-Schleim-Sorte benutzen.**

A.

B.

Glibber-Slime

Glibber-Slime (siehe Seite 58) vermischt sich aufgrund seines hohen Wasseranteils am schnellsten miteinander. Du musst lediglich eine Nacht lang warten.

Dickere Schleimsorten

Bei dickeren Schleimsorten wie Butter-Slime (siehe Seite 76) dauert es länger, bis sie sich vermischen. Wenn du also ungeduldig bist, greife lieber auf Glibber-Slime zurück.

Zusatzmittel

Selbstverständlich kannst du Glitzer, Mikroperlen und andere Zusatzmittel beimischen, um deinem Schleim ein interessanteres Aussehen zu verschaffen. In Kapitel 2 findest du sie alle aufgelistet.

SLIME-STRUDEL

AUCH WENN ES GANZ LEICHT AUSSIEHT, IST ES GAR NICHT SO EINFACH, EINEN STRUDEL ZU FORMEN. WAHRSCHEINLICH MUSST DU ZUERST EIN BISSCHEN ÜBEN. AUSSERDEM EIGNEN SICH NICHT ALLE SCHLEIMSORTEN DAFÜR.

Glibber-Slime (siehe Seite 58) zum Beispiel eignet sich gar nicht gut, wohingegen sich aus Modelliermasse-Slime (siehe Seite 46) herrlich schöne Slime-Strudel formen lassen. Die besten Ergebnisse bekommst du mit dickeren Schleim-Sorten, da sie ihre Form behalten.

SCHLEIM IN AKTION

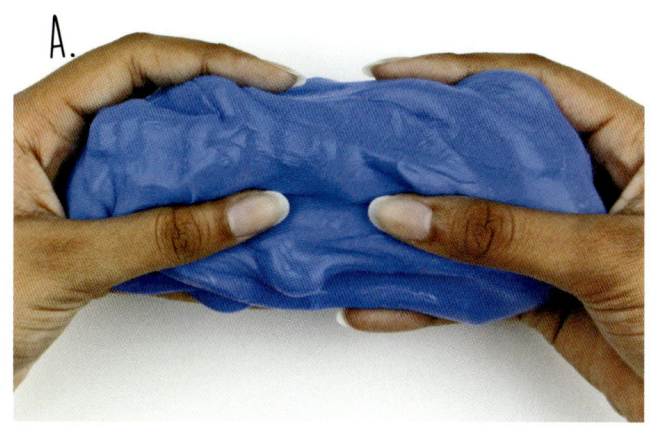

A.

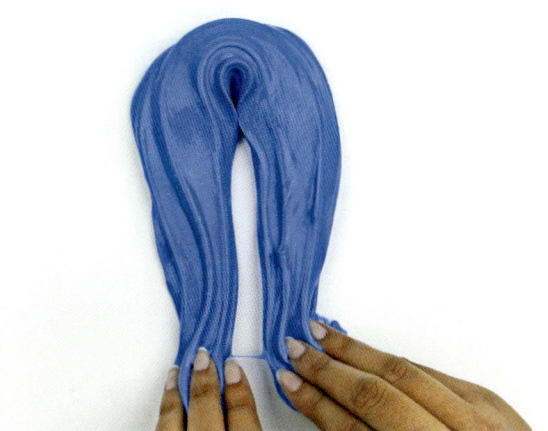

B.

Um einen Strudel zu erzeugen, nimmst du den
Schleim zuerst in die Hände (siehe Abb. A).
**Ziehe ihn auseinander und falte ihn in der
Mitte, sodass die Enden aufeinanderliegen.
Wiederhole diesen Schritt so lange, bis dir
die Form deines Schleims gefällt. Ich mag es
besonders, wenn die Linien, die sich bilden,
schön glatt sind** (siehe Abb. B).

C.

**Ziehe den Schleim noch einmal auseinander.
Halte ein Ende in einer Hand und wickle den
Schleim mit dem anderen Ende um sich selbst**
(siehe Abb. C).

D.

**Stecke das Ende des Slime-Strudels, das du
in der Hand hältst, unter die Masse** (siehe
Abb. D). **Beim Strudeln selbst solltest du dir
nicht allzu viel Zeit lassen, da der Schleim
schnell anfängt zu zerlaufen und die Form zu
verlieren.**

Mit dem Schleim so zu spielen macht richtig
viel Spaß, weil beim Formen und Drücken des
Strudels lustige Knallgeräusche entstehen
können. Außerdem sieht so ein Strudel wirklich
schön aus.

Spielen mit Schleim

IN DIESEM KAPITEL ZEIGE
ICH DIR, WIE DU SCHLEIM SO
FORMST, DASS ER WIE ESSEN
AUSSIEHT, WIE DU MIT SCHLEIM
EINEN KNAUTSCHBALL MACHST
UND NOCH VIELES MEHR.

GROßARTIGE GERÄUSCHE

VIELLEICHT IST DIR BEIM ANSCHAUEN VON SCHLEIM—VIDEOS SCHON AUFGEFALLEN, DASS VERSCHIEDENE SCHLEIMSORTEN GANZ UNTERSCHIEDLICHE GERÄUSCHE VON SICH GEBEN. HIER ERFÄHRST DU, WIE DU DIESE GERÄUSCHE ERZEUGST.

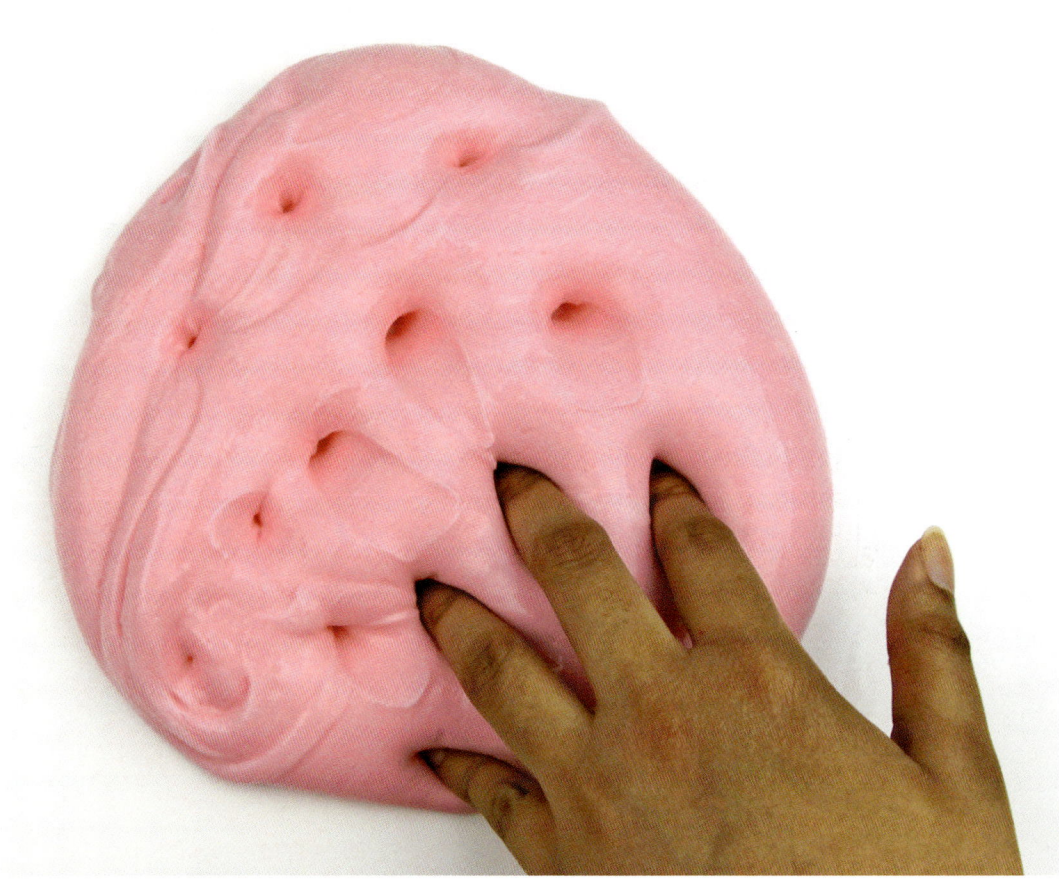

SPIELEN MIT SCHLEIM

Im Schleim stochern

Die meisten Leute lieben es, im Schleim zu stochern. Das funktioniert am besten mit glänzenden Schleim-sorten, aber selbstverständlich kannst du deine Finger in jeden Schleim stechen. Lass ihn 1–2 Tage ruhen, sodass die Luftbläschen an die Oberfläche steigen und platzen. Der Schleim wird dadurch noch glänzender. Damit die Geräusche beim Stochern noch lauter werden, fügst du etwas Babyöl hinzu.

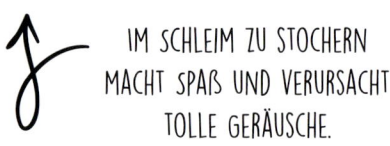

IM SCHLEIM ZU STOCHERN MACHT SPAß UND VERURSACHT TOLLE GERÄUSCHE.

Knallgeräusche

Knallgeräusche entstehen auf drei unterschiedliche Arten: indem du Strudel formst, den Schleim „drückst" oder ihn dehnst und fallen lässt. Es entstehen immer Bläschen, die platzen, wenn du den Schleim quetschst.

Strudel formen: Diese Methode ist auf Seite 90 ausführlich erklärt. Durch das Auseinanderziehen und Falten entstehen Bläschen, die platzen, wenn du den Schleim knautschst.

Drücken: Bei dieser Methode nimmst du einen Gegenstand, zum Beispiel einen Badmintonschläger oder ein Gitter, und drückst damit auf den Schleim. Hebe den Gegenstand an und wiederhole diesen Vorgang mehrere Male. Dabei entstehen ganz viele Luftbläschen, die du platzen lassen kannst. Achte darauf, dass du einen Gegenstand benutzt, bei dem es nichts ausmacht, wenn Schleim an ihm kleben bleibt und der auf jeden Fall nicht zum Essen verwendet wird.

Dehnen und fallen lassen: Ziehe den Schleim auseinander, bis er ganz dünn ist, und lass ihn dann auf eine Oberfläche fallen. Wiederhole dies ein paar Mal und achte darauf, dass du die entstehenden Bläschen beim Wiederaufnehmen nicht sofort platzen lässt. Anschließend kannst du den Schleim nach Herzenslust quetschen und das Ganze dann wiederholen. Du kannst auch mehrere Methoden miteinander verbinden und den Schleim zuerst dehnen und fallen lassen und danach einen Strudel formen. Es werden jedoch einige der Bläschen schon platzen, wenn du den Schleim zum Strudeln auseinander ziehst und faltest.

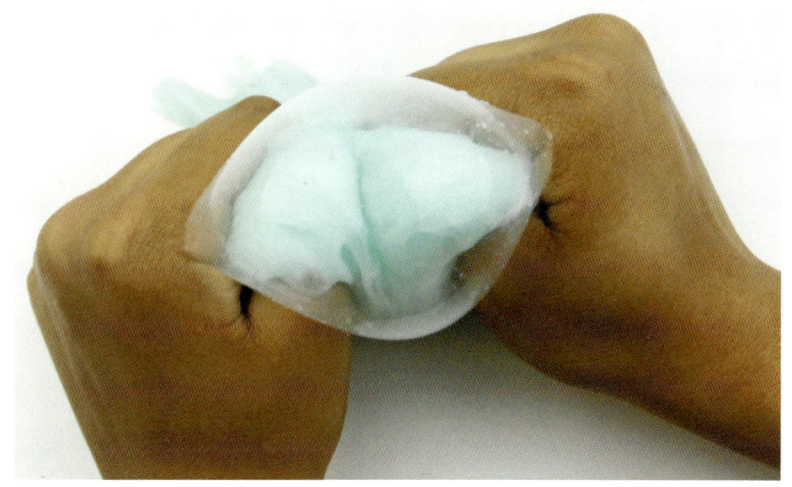

MOMENT KURZ VOR DEM KNALLGERÄUSCH, WENN DU DEN SCHLEIM DEHNST DU FALLEN LÄSST.

SCHLEIM MIT EINEM BADMINTON—SCHLÄGER DRÜCKEN.

Knistern

Frisch hergestellter Butter-Slime (siehe Seite 76) kann „knistern", wenn du ihn quetschst!

Knirschen

Schaum-Slime hat dieses ganz spezielle mahlende Geräusch, manche Schleime erzeugen jedoch auch ein sehr „weiches" oder auch manchmal ein „Fischaugen"-Knirschen. Weiches Knirschen entsteht bei Schleimen, die keine knirschende Konsistenz haben. Es ist ein leises, beruhigendes Geräusch. Zu den „Weich-Knirschern" zählen vor allem Schleimsorten mit weißem Leim, aber auch durchsichtiger Schaum-Slime mit sehr kleinen Schaumstoffkügelchen kann dieses feine Geräusch produzieren. Das „Fischaugen"-Knirschen wird, wie der Name es schon sagt, Fischaugen-Slime (siehe Seite 42) entlockt und jedem Schleim mit ähnlichen Zusatzmitteln (zum Beispiel Slushie- oder Zucker-Granulat). Manche Leute finden, dass sich dieses Geräusch wie Wasser anhört.

HÖR ZU, WIE DEIN
BUTTER—SLIME KNISTERT!

„WEICHES" KNISTERN (SIEHE OBEN) UND
„FISCHAUGEN"-KNISTERN (SIEHE UNTEN)
SIND UNHEIMLICH TOLLE GERÄUSCHE!

KNAUTSCHBALL

EGAL OB DU BALD EINE WICHTIGE KLASSENARBEIT SCHREIBST ODER BEIM FERNSEHEN HERUMZAPPELN MÖCHTEST — MIT DIESEM SPIELZEUG KANNST DU SUPER STRESS ABBAUEN UND DICH BESCHÄFTIGEN!

DAS BRAUCHST DU

Schleim-Ausrüstung

große Schüssel
Messbecher und Messlöffel
Löffel, Teigschaber oder Rührstab
luftdichter Behälter

Zutaten

genug weißen Basis-Schleim (siehe Seite 14), um einen Luftballon zu füllen
Luftballon
Netzstrumpfhose

optional

Trichter oder alte Plastikflasche

SPIELEN MIT SCHLEIM

1.

Stelle eine Portion weißen Basis-Slime her (siehe Seite 14).

2.

Fülle den Schleim in den Luftballon und verknote ihn. Du kannst hierfür einen alten Trichter benutzen oder eine alte Plastikflasche nehmen (siehe Abb. A). Dazu schneidest du vorsichtig die untere Hälfte der Flasche ab und benutzt den oberen Teil als Trichter. Lass dir dabei von einem Erwachsenen helfen, denn der Plastikrand kann scharfkantig sein.

3.

Stecke den mit Schleim gefüllten Luftballon ins Fußende der Strumpfhose (siehe Abb. B).

4.

Schneide den Rest der Strumpfhose ab und verknote das Ende (siehe Abb. C).

5.

Jetzt kannst du drauflos knautschen was das Zeug hält (siehe Abb. D).

A.

B.

C.

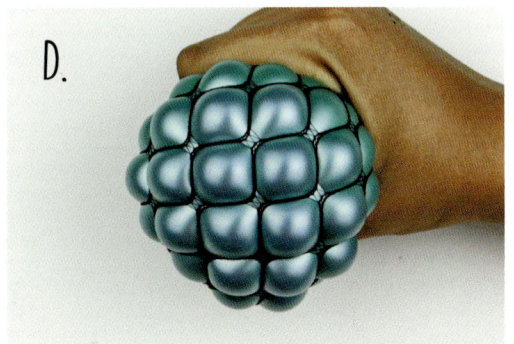

D.

SLIME-LECKEREIEN

ES GIBT SO VIELE MÖGLICHKEITEN, SCHLEIM WIE LEBENSMITTEL AUSSEHEN ZU LASSEN! AUSSERDEM KANNST DU DUFTÖL ZUM SCHLEIM HINZUFÜGEN, DAMIT ER TATSÄCHLICH WIE DAS ESSEN, NACH DEM ER AUSSEHEN SOLL, RIECHT. HIER SIND EINIGE BEISPIELE.

Eiscreme

Färbe einen weißen Basis-Slime in der Farbe deiner Lieblingseissorte und streue unechte Zuckerstreusel darüber.

ACHTUNG!

Beschrifte deine Slime-Leckereien unbedingt, damit sie niemand für echte Lebensmittel hält und versucht zu essen!

Erdbeermarmelade

Stelle einen durchsichtigen Basis-Slime her (siehe Seite 16), färbe ihn rot und füge dunkelroten Glitzer hinzu. Fülle ihn in ein Marmeladenglas. Wie wäre es mit weiteren Marmeladensorten?

Erdnussbutter und Gelee

Die Erdnussbutter besteht aus ockerfarbenem Butter-Slime (siehe Seite 76). Das Gelee stellst du mit eingefärbtem transparentem Basis-Slime (siehe Seite 16) her.

DU KANNST AUCH TOAST AUS SCHLEIM HERSTELLEN, AUF DEM DU DEINE MARMELADEN UND DEINE ERDNUSSBUTTER VERTEILST!

Popcorn

Stelle einen weißen Basis-Slime her (siehe Seite 14). Färbe ihn gelb und gib zerbrochene Schaumstoff-Stücke oder große Schaumstoffkügelchen dazu.

Chocolate Chip Cookies und Milch

Für die Cookies benötigst du hellbraunen Butter-Slime (siehe Seite 76) und braune „Schokostückchen" aus FIMO®, die du untermischst. Für die Milch kannst du einen weißen Glibber-Slime nehmen (siehe Seite 58).

Apfelkuchen

Nimm eine Einmal-Kuchenform aus Alumi-
nium und fülle sie mit rot gefärbtem weißem
Basis-Slime (siehe Seite 14 und **Abb. A**). Für den
Kuchenteig benötigst du hellbraun gefärbten
weißen Basis-Slime. Lege einen langen Teig-
streifen entlang der Kuchenform und verwebe
weitere dünne Streifen zu einem schön geflochten-
tenen Deckel **(siehe Abb. B)**.

A.

B.

DEKO-SLIME-GLÄSCHEN

MIT DIESER IDEE KANNST DU DEINEN SCHLEIM SCHÖN IN SZENE SETZEN. IN EIN HÜBSCHES GLAS GEFÜLLT MACHT ER SICH SUPER ALS DEKO!

DAS BRAUCHST DU

luftdichtes Marmeladenglas
genug weißen Basis-Slime (siehe Seite 14), um das Glas zu füllen

SCHLEIM-VERSCHIEBUNG

Gieße verschiedenfarbige Schleimsorten aufeinander. Mit der Zeit wirst du sehen, dass sie sich langsam mischen und eine neue Farbe entsteht. Es macht Spaß, dabei zuzuschauen, vor allem, wenn in jeder Schleimschicht „special effects" mit eingearbeitet wurden.

VARIATIONEN

Glaskugel mit gefrorener Rose = roter Butter-Slime, der zu einer Rose geformt wurde + grüner Butter-Slime, der zu einem Blatt geformt wurde + durchsichtiger Slime, der die Rose umgibt

1.

Stelle eine Portion weißen Basis-Slime her (siehe Seite 14).

2.

Teile den Schleim in kleine, gleich große Portionen auf und färbe sie jeweils mit etwas **Acrylfarbe** (siehe Abb. A).

3.

Vermische jede Portion Schleim mit der **Farbe** (siehe Abb. B).

4.

Fülle den Schleim in Schichten ins Glas. Ein paar Tipps dazu findest du auf Seite 88.

5.

Drehe den Deckel des Glases ganz fest zu, damit der Schleim nicht austrocknet. Spiele ab und zu mit dem Schleim und füge etwas Aktivierungsmittel hinzu, damit er nicht flüssig wird.

6.

Lass deiner Kreativität freien Lauf! Male zum Beispiel ein lustiges Gesicht auf das Glas oder klebe Wackelaugen und Schleifenbänder auf. Ich habe zum Schichten weißen Basis-Slime verwendet, doch du kannst auch jedes andere Rezept dafür nutzen. Auf Seite 106/107 findest du weitere Inspirationen.

A.

B.

Marmor-Look

Nimm zwei unterschiedlich farbige Schleimsorten deiner Wahl, verquirle sie miteinander und fülle sie in einen Behälter.

Strandtag

Drücke hellbraunen Butter-Slime (siehe Seite 76) auf den Boden eines Behälters und füllen den Rest des Glases mit blauem Schleim aus transparentem Leim (siehe Seite 16) auf. Stecke ein paar Muscheln ein, fertig!

SPIELEN MIT SCHLEIM

Schichten

Fülle verschiedene Schleimsorten in Schichten für ein interessantes, buntes Aussehen übereinander.

I heart you

Forme ein Herz aus rotem Butter-Slime (siehe Seite 76) und drücke es an die Seite des Glases. Fülle den Rest mit glänzendem, schwarzem Schleim auf.

SLIME-MALEREI

STELLE EINE PORTION WEISSEN BASIS-SLIME HER (SIEHE SEITE 14). FÜGE DREIMAL SO VIEL SPEISESTÄRKE WIE SCHLEIM HINZU UND MISCHE ALLES GRÜNDLICH DURCH. JETZT KANNST DU DEN SCHLEIM ALS LEINWAND BENUTZEN UND MIT EINEM FILZSTIFT DARAUF MALEN.

Zum Malen benutze ich am liebsten Filzstifte mit dicker Spitze. Es ist faszinierend zu beobachten, wie die Malerei sich mit der Zeit verändert und in den Schleim sickert. Hinterher kannst du den Schleim wieder kneten und schauen, welche neue Farbe dadurch entsteht. Bewahre ihn in einem luftdichten Behälter auf, damit du ihn später für neue Kunstwerke verwenden kannst. Im Folgenden findest du einige Ideen, wie du deinen Schleim verzieren kannst.

Kritzelei

Muster

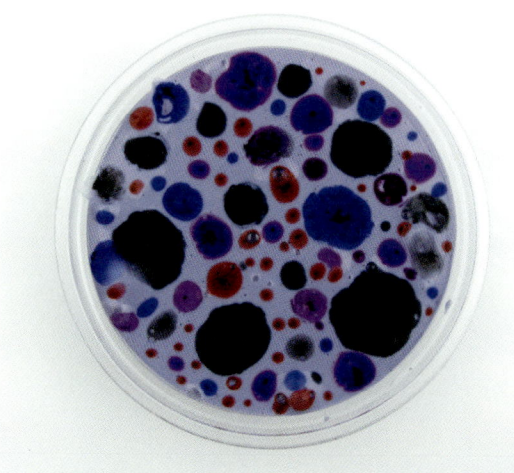

SPIELEN MIT SCHLEIM

Blumen

Weltall

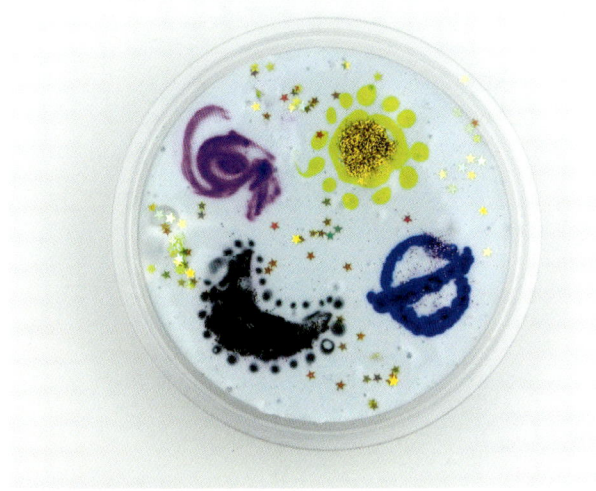

Landschaft

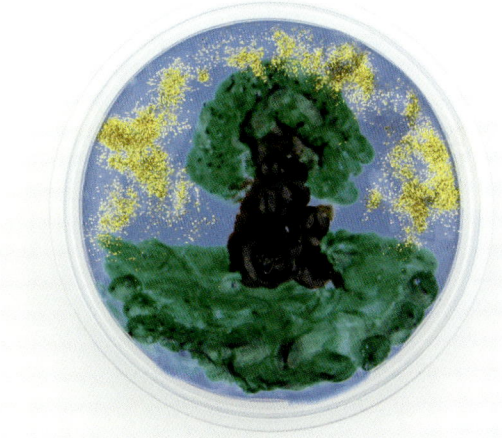

Schmetterlinge

Weitere Ideen zum Selbermachen gesucht?

Lieblingsstücke von einfach bis einfach genial finden Sie bei TOPP! Lassen Sie sich auf unserer Verlagswebsite, per Newsletter oder in den sozialen Netzwerken von unserer Vielfalt inspirieren!

Website

Verlockend: Welcher Kreativratgeber soll es für Sie sein? Schauen Sie doch auf **www.TOPP-kreativ.de** vorbei & stöbern Sie durch die neusten Hits der Saison!

TOPP-Autoren

Sie wollen wissen, wer die „Macher" unserer Bücher sind? Wer Ihnen nützliche Tipps & Tricks gibt? Auf **www.TOPP-kreativ.de/Autor** warten jede Menge spannender Infos zum jeweiligen Autor auf Sie. Finden Sie heraus, welches Gesicht hinter Ihrem Lieblingsbuch steckt!

Facebook

Werden Sie Teil unserer Community & erhalten Sie brandaktuelle Informationen rund ums Handarbeiten auf **www.Facebook.com/Mitstrickzentrale** Wer sich für Basteln, Bauen, Verzieren & Dekorieren interessiert, ist auf **www.Facebook.com/Bastelzentrale** genau richtig!

Pinterest

Sie sind auf der Jagd nach den neusten Trends? Sie suchen die besten Kniffe? Die schönsten DIY-Ideen? All' das & noch vieles mehr gibt es von TOPP auf **www.Pinterest.com/Frechverlag**

Newsletter

Bunt, fröhlich & überraschend: Das ist der TOPP-Newsletter! Melden Sie sich unter: **www.TOPP-kreativ.de/Newsletter** an & wir halten Sie regelmäßig mit Tipps & Inspirationen über Ihr Lieblingshobby auf dem Laufenden!

Extras zum Download in der Digitalen Bibliothek

Viele unserer Bücher enthalten digitale Extras: Tutorial-Videos, Vorlagen zum Downloaden, Printables & vieles mehr. Dieses Buch auch? Dann schauen Sie im Impressum des Buches nach. Sofern ein Freischaltcode dort abgebildet ist, geben Sie diesen unter **www.TOPP-kreativ.de/DigiBib** ein. Nach erfolgreicher Registrierung erhalten Sie Zugang zur digitalen Bibliothek & können sofort loslegen.

YouTube

Sie wollen eine ganz neue Technik ausprobieren? Sie arbeiten an einem spannenden Projekt, aber wissen nicht weiter? Unsere Tutorials, Werbetrailer, Interviews & Making Of's auf **www.YouTube.com/Frechverlag** helfen Ihnen garantiert dabei, den passenden Ratgeber von TOPP zu finden.

Instagram

Sie sind auf Instagram unterwegs? Super, TOPP auch. Folgen Sie uns! Sie finden uns auf **www.Instagram.com/Frechverlag** Möchten Sie uns an Ihrem Lieblingsprojekt teilhaben lassen? Am besten posten Sie gleich ein Foto mit dem Hashtag **#frechverlag** & wir stellen Ihr Werk gerne unserer Community vor – yeah!

Alles in einer Hand gibt's hier:

Kreativ-Bücher finden Sie auf www.TOPP-kreativ.de

ÜBER DIE AUTORIN

ALYSSA JAGAN IST AUCH ALS ALYSSA (@CRAFTYSLIMECREATOR) BEKANNT.

Alyssa ist 16 Jahre alt und betreibt einen sehr erfolgreichen Instragram-Account, auf dem sie jeden Tag drei Schleim-Videos veröffentlicht. Außerdem verkauft sie ihre Schleim-Kreationen auf der Kreativ-Plattform Etsy. Alyssa geht auf die High-School und lebt mit ihrer Familie in Toronto, Kanada. In den sozialen Medien findest du Alyssa auf Instagram (@CraftySlimeCreator), YouTube (Alyssa J) und Etsy (CraftedbyAlyssaJ).

REGISTER